자신을 컨트롤하는
초집중력

JIBUN WO AYATSURU CHO SHUCHURYOKU
Copyright © 2017 Mentalist DaiGo
Korean translation rights arranged with Kanki Publishing Inc., Tokyo
through Korea Copyright Center, Inc., Seoul

이 책은 (주)한국저작권센터(KCC)를 통한
저작권자와의 독점계약으로 도서출판 글로세움에서 출간되었습니다.
저작권법에 의해 한국 내에서 보호를 받는 저작물이므로
무단전재와 복제를 금합니다.

—— 자신을 컨트롤하는 ——

초집중력

—— 멘탈리스트 다이고 지음 | 김선숙 옮김 ——

———————— 제2장 ————————
집중력을 높이는 7가지 엔진

─────────── 제3장 ───────────

효과적인 피로 회복법 3가지

제4장

집중하게 만드는 5가지 시간 사용법

산만하고 주의력이 약해 잠시도 가만히 있지 못하는 아이들이 있다. 고백하건대 나도 어렸을 때 바로 그랬다. 학습장애Learning disabilities가 아닐까 부모님과 조부모님이 걱정할 정도였으니까.

당연히 공부를 잘하지 못했나. 학교성적은 한 학년 227명 중 224등. 설령 장시간 책상 앞에 앉아 있는 기적 같은 하루가 있었다 해도 실제로는 집중하지 못해 공부한 내용을 전혀 기억하지 못했다.

다른 아이들과 달라서인지 초등학교 1학년 때부터 중학교 2학년 때까지 줄곧 따돌림을 받았다.

왕따에 성적도 꼴찌였던 당시 어느 날, 나는 열심히 공부해서 자신을 바꾸기로 결심했다. 물론 처음에는 마음먹은 대로 되지 않았다. 어떡하든 주위 사람들에게 인정받겠다는 각오로 책상 앞에 앉았으나 집중하기가 어려워 펜을 집어던져 버리는 날이 계속되었다.

그러다가 남들보다 집중력이 없다는 것을 자각한 나는 무턱대고 공부할 것이 아니라 심리학이나 뇌과학 서적에서 집중력을 키워 나가는 방법을 찾아야겠다는 결론에 이르렀다.

오랜 기간 시행착오를 거쳐야 했다. 하지만 그 결과, 학원 한 번 다니지 않고 혼자 공부해 게이오 대학 이공학부에 합격했다.

지금은 하루에 10~20권 정도의 책을 읽을 수 있고, 기업의 고문으로 활동하는 외에도 강연과 연수 사업, TV 출연, 유튜브 방송을 하는 등 보통 사람들보다 훨씬 많은 아웃풋을 할 정도로 집중력이 생겼다.

지금의 나는 남보다 빠르고 효율적으로 책을 읽고 많은 것을 흡수할 뿐 아니라 그것을 살린 일에서도 커다란 성과를 낼 수 있다는, 그런 자신감에 차 있다. 이렇게 된 것은 모두 집중력 덕분이라고 해도 과언이 아니다. 다행히 집중력을 만들어 내기 위해 쏟은 시행착오가 헛되지 않았다.

집중력은 최단·최속으로 처리하는 기술

하지만 매일 일이나 공부하기에 바쁜 지금의 당신은 어렸을 적 나처럼 집중력을 향상시키기 위해 제로 상태에서 방법을 모색할 시간이 없을 것이다. 몇 년을 연구하기도 어려울 것이고 또 그렇게 하지 않아도 된다. 뛰어난 과학자들이 이미 집중력에 대한 많은 연구 결과를 내놓았으니까 말이다.

이 책에서는 나의 실제 체험을 바탕으로 집중력을 높이는 과학적인 방법을 소개하겠다. 집중력은 타고난 재능이 아니다. 훈련을 통해 집중력을 더욱 강화할 수 있다.

1년을 13개월로 쓸 수 있다

같은 업계에서 일하고 있는데 당신보다 단시간에 일을 끝낸 결과 성공했고, 지금은 더 좋은 결과를 내고 있는 사람이 있다고 치자. 그 사람은 당신과 어떤 점이 다를까?

타고난 재능의 차이일지도 모른다. 하지만 빼어난 천재는 그리 많지 않다. 아니면 단시간에 끝내는 것처럼 보일 뿐, 뒤에서 엄청난 시간을 들일 가능성도 있다.

이 차이는 재능이 아니다. 어릴 적 주의력이 부족해 선생님과 부모님을 걱정시켰던 나와 지금의 나는 분명히 같은 사람이다. 다른 점이 있다면 집중력을 발휘하는 방법을 실천하느냐, 하지 않느냐, 그것뿐이다.

예전의 나는 주변에 있는 모든 것에 주의력을 빼앗겨 무엇 하나 집중할 수가 없었다. 하지만 지금의 나는 해야 할 일 하나에 초점을 맞춰 집중하는 기술을 익힌 결과 집중력을 컨트롤할 수 있게 되었다. 그러자 같은 1시간으로도 처리할 수 있는 '양'이 현격히 올라갔다.

하루 24시간이라는 시간은 모든 사람에게 주어진 평등한 자산이다. 하지만 집중력을 마음대로 조정할 수 있게 되면 그 24시간으로 할 수 있는 일에 압도적인 '차이'가 생긴다.

단시간에 많은 것을 배울 수 있을 뿐 아니라 질 높은 성과를 내는 사람으로 바뀐다는 것은 그만큼 공부를 하거나 일하는 시간을 압축할 수 있다는 뜻이다. 그 결과 하루에도 일반인의 평균 6개월에 상당하는 생산성을 발휘할 수도 있게 된다.

실제 나의 독서량은 하루에 20권이니까 단순히 계산해도 보통 사람의 200배 이상의 생산성을 발휘하는 셈이다(일반인의 평균 독서량은 월 3권이라고 한다). 집중력이 생기면 일이나 공부가 단시간에 끝나 평가나 성적이 올라갈 뿐만 아니라 남은 시간에 여유 있는 개인생활을 할 수 있다.

피곤해도 집중력을 발휘할 수 있다

일단 집중력을 컨트롤하는 법을 알게 되면 피곤할 때도 집중력을 지속시킬 수 있다. 야근이 계속되는 힘든 상황에서도 지치지 않고 일하는 선배나 상사가 있다. 연이어 시합에 출전해야 함에도 좋은 몸 상태를 유지하는 선수처럼 피곤할 때도 능률이 떨어지지 않는 사람도 있다. 이런 사람들 대부분 '자동화'나 '습관화'하는 방법으로 자신의 집중력을 유지한다.

가령 대부분의 프로골퍼는 스윙을 할 때 서는 자세나 위치를 일일이 생각하지 않는다. 스윙 연습을 수없이 반복했기 때문에 자동적으로 올바른 자세를 취하기 마련이다. 그 결과 스윙 자세를 특별히 의식하지 않아도 반사적으로 나오는 경지에 도달한다. 대신 프로골퍼는 코스를 공략하는 방법이나 전략에 집중할 수 있다.

사람은 집중력을 발휘할 때 뇌의 전두엽을 사용하는데 습관화되면 소뇌가 대신 이 작업을 맡아 준다. 그러면 무슨 일이 일어날

피곤한 상태에서도 집중 가능한 구조

한 가지에
초점을 맞추고
최고 속도로
몸에 익힌다

집중력을
쓰지 않아도
자동적으로
된다

남은
집중력으로
새로운 것을
익힌다

까? 전두엽의 피로도가 극적으로 줄어들어 집중력을 발휘할 수 있는 시간이 늘어난다.

습관화된 행동은 집중하지 않아도 자동 처리가 되기 때문에 이런 사람은 피곤할 때도 집중을 잘하는 것처럼 보인다. 이렇게 습관화하면 집중력의 원천인 전두엽을 다른 새로운 습관을 들이는 데 최대한 활용할 수 있다. 일단 이 사이클을 몸에 익히면 집중력은 순식간에 높아지게 된다.

자격시험 공부를 해야 하는데 야근을 하고 집에 돌아오면 피곤해서 공부할 의욕이 생기지 않는 사람이 있다. 바쁜 시기가 되면 집중이 지속되지 않는다고 고민하는 사람도 있다. 이런 사람은 꼭 이 책을 읽기보기 바란다.

아무리 피곤한 상태에서도 집중력이 자동적으로 생기는 방법이 있다. 중요한 것 하나에 포커스를 맞추고 하나씩 착실히 습관을 들어 보라. 그러면 반드시 집중력이 생길 것이다.

공부할 때도 그렇지만 일할 때도 그렇다. 하루 10시간 주입식 학습을 하는 것도, 기획서를 다듬기 위해 밤샘 작업을 하는 것도 효율을 떨어뜨릴 뿐이다.

이제 집중력이 부족하다고 낙담할 필요가 없다. 집중력의 메커니즘을 이해하고 적절하게 접근하다 보면 보다 단시간에 훨씬 질 높은 성과를 낼 수 있을 테니까.

고대 로마의 철학자 세네카는 이런 명언을 남겼다.

인생은 짧다. 인간에게 주어진 시간은 한나절의 무지개와 같다.

인생은 짧다. 이 책을 읽으면 저 책은 읽을 수 없다.

인생은 길어야 3만 일이다.

하지만 집중력을 컨트롤하는 법을 익히면 시간의 밀도가 날라진다. 이 책도 저 책도 읽을 수 있게 된다. 이 책을 다 읽고 실천해나가면 인생의 밀도가 몇 배는 높아질 것이다. 몸에 밴 집중력은 인생을 마음대로 컨트롤할 수 있는 평생의 무기가 될 것이다.

제1장

집중력을
컨트롤하는
3가지 원칙

집중력이
높은 사람에게는
공통적인
행동원칙이 있다

프롤로그에서는 집중력의 구조에 대해 간단히 설명했다.

제1장에서는 우선 당신의 집중력을 제한하는 3가지 오해를 풀면서

남보다 높은 집중력을 발휘하는 방법을 소개한다. 중요한 것은 다음

과 같은 3가지다.

원칙 1

집중력이 높은 사람은 단련하는 법을 알고 있다

－집중력은 타고난다는 말이 있으나 사실은 그렇지 않다

원칙 2

집중력이 높은 사람은 장시간 집중하지 않는다

－집중을 잘하는 사람은 단시간 집중을 반복한다

원칙 3

집중력이 높은 사람은 피로를 뇌를 통해 컨트롤한다

－피곤하기 때문에 집중할 수 없다는 것은 뇌의 착각이다

과학적 방법론에 입각하여 집중력을 단련하면 누구나 쉽게 각 분야의 전문가나 세계 정상급 선수처럼 집중력을 발휘할 수 있다.

주의력이 부족하다고 어릴 때부터 자주 야단을 맞은 사람이 있다. 책을 읽기 시작하면 채 5분도 지나지 않아 졸린다며 책 보기를 단념하는 사람도 있다. 이런 사람일수록 사실은 집중할 수 있는 능력이 뛰어난 경우가 많다.

어떻게 하면 집중력을 높일 수 있을까? 이제부터 그 답을 공개한다.

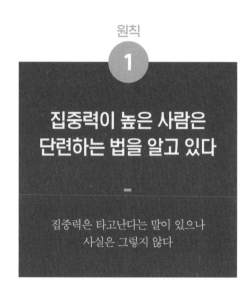

원칙

1

집중력이 높은 사람은 단련하는 법을 알고 있다

—

집중력은 타고난다는 말이 있으나
사실은 그렇지 않다

▼

집중력은 타고난 자질이라고 생각하는 사람들이 있다. 이런 오해 탓인지 집중을 잘 못하는 사람 중에는 자신이 '남보다 못하다'고 느끼는 경우조차 있다.

하지만 집중력이 없다고 기죽을 것도 불안해할 것도 없다. 집중력은 훈련을 통해 만들 수 있는 것이기 때문이다. 집중력의 차이는 훈련하느냐, 하지 않으냐에 달려 있다.

그런데 대부분의 사람들은 이 사실을 모른다. 나는 학교나 기업에서 강연할 기회가 종종 있는데 그때마다 집중력에 대한 질문을 받는다.

사회인을 대상으로 한 강연에서 받는 질문은 대개 이렇다.

"일을 빨리 처리하고 싶은데 집중이 잘 안 돼요."

"야근을 해야 그날 해야 할 일을 겨우 끝낼 수가 있습니다. 어떻게 해야 할까요?"

이렇게 질문하는 사람의 상당수는 출근 후 일에 몰두하기까지 시간이 많이 걸린다. 그 때문에 일이 뜻대로 진척되지 않아 집에 가지고 가서 하거나 야근을 한다. 집중력을 발휘하지 못하고 인생의 귀중한 시간을 허비하는 것이다.

시험을 앞둔 중고생들도 집중이 되지 않는다고 고민한다.

"공부해야 하는 건 알지만 나도 모르게 휴대폰에 손이 가요."

"문제집을 펴는 순간 머리가 멍해져 버려요."

이렇게 말하는 사람의 마음을 나는 잘 안다. 내가 어렸을 때도 학습장애가 아닌지 부모님이 걱정할 정도로 의자에 가만히 앉아 있질 못했기 때문이다. 하지만 지금은 집중력을 자유자재로 조절하며 하루에 10~20권의 책을 읽을 정도로 집중력이 생겼다. 집중하는 법을 연구하고 실천했기 때문이다.

집중력을 높이는 데는 방법이 있다. 유전이나 성격과도 관련이 없다. 재능이나 근성도 필요 없다. 그런 불안정한 것에 기대기보다는 과학적인 방법으로 집중력을 기르면 된다. 그러면 누구나 자신이 원하는 대로 집중력을 조절할 수 있다.

집중력의 원천은 전두엽의 의지력

집중력을 높이기 위해서 알아야 할 것이 한 가지 있다. 집중력의 원천이 바로 그것이다.

집중력이 솟구치는 샘은 이마에서 2~3센티미터 안쪽에 있는 전두엽에 존재한다. 인간과 동물의 뇌를 비교했을 때 크게 다른 점은 전두엽의 크기이다. 전두엽은 사람을 사람답게 만든다. 사

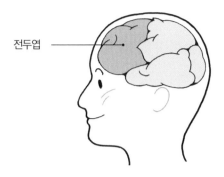

전두엽

고와 창의성을 담당하는 뇌의 최고 중추이기 때문이다.

　인간은 진화 과정에서 전두엽을 키워 다른 동물에는 없는 힘을 획득했다. 바로 사고와 감정을 컨트롤하는 힘이다. 그 힘이 바로 윌파워willpower, 즉 의지력이다.

　의지력(윌파워)은 '전두엽의 체력'과 같은 것이다. 롤플레잉 게임에 나오는 주인공의 체력이나 마력을 떠올려 보라. 적의 공격을 받으면 체력이 떨어지고, 마법을 사용하면 마력이 떨어지는 것처럼 의지력도 일정한 양이 있는 소모성 자원이어서 어떤 일에 몰두할 때마다 조금씩 줄어든다.

　롤플레잉 게임에서 약초나 마법을 사용하면 체력이 회복되고 수면으로도 마력이 회복되듯이 의지력도 충분한 수면을 취하고 에너지원이 되는 식사를 하면 회복될 수 있다(제2장에서 자세하게 소개한다).

잘못 알고 있는 집중력의 메커니즘

의지력에는 2가지 특징이 있다.

• 의지력은 한정된 자원이므로 어떤 일에 몰두할 때마다 소모된다.
• 의지력은 한 곳에서 나온다.

특히 중요한 것은 의지력이 나오는 곳이 한 곳밖에 없다는 점이다.

우리는 일과 다이어트, 스포츠, 가족과의 의사소통 같은 행동을 각각 분리해서 생각한다. 일이 잘 진척되지 않는 것과 다이어트의 계속 여부는 관계가 없다고 생각한다. 가족 간 불화가 있어도 직장에 가면 기분이 전환될 거라고 생각하고, 스포츠에 몰두하여 재충전하는 것과 일의 효율은 관계없다고 생각한다.

이러한 생각의 밑바탕에는 일을 하는 데 필요한 의지력과 개인생활을 하는 데 필요한 의지력은 다르다는 믿음이 깔려 있다. 하지만 그렇지 않다. '기획서를 마무리하는 일'과 '간식 초콜릿을 먹지 않고 참는 일'은 전혀 상관없는 행동이지만 사용하는 의지

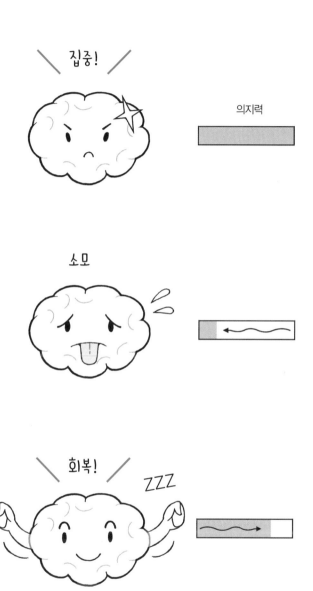

력이 같다. 그러니까 '일이 잘 진척되지 않아서 다이어트를 계속하기가 어렵다'거나 '가족 간에 불화가 있어 일에 집중할 수 없다'고 하는 것은 당연하다. 의지력이 소모되어 뇌가 휴식을 필요로 하는 상태인 것이다.

집중력을 키우는 2가지 접근법

'의지력을 키우다니, 그걸 내가 할 수 있을까?' 어쩌면 그렇게 생각하는 사람이 있을지도 모른다. 하지만 집중력의 원천인 의지력을 키우는 훈련은 아주 간단하다.

단지 두 가지 방법만 알면 된다. 하나는 훈련을 통해 의지력의 총량을 늘리는 방법이다. 또 하나는 일상의 행동이나 습관을 바꿔 의지력의 소모량을 줄이는 방법이다. 가장 효율적으로 집중력을 키우는 방법은 이 두 가지가 전부다. 그래서 우선 의지력을 늘리는 훈련 방법부터 알려 드리도록 하겠다.

천성적으로 근력이 강한 사람이 있는가 하면 그렇지 못한 사람이 있듯이 타고난 의지력에도 개인차가 있는 것은 부정할 수 없다. 하지만 근력이 약한 사람이라도 훈련으로 근육을 키우면 힘이 생기는 것처럼 의지력도 키울 수 있다. 방법은 많이 있지만,

이 책에서는 곧바로 시작할 수 있고 동시에 효과가 즉시 나타나는 것으로 좁혀 설명하겠다.

미국의 사회심리학자 로이 바우마이스터Roy F. Baumeister 교수는 의지력을 강화하는 효율적인 방법을 찾기 위해 다음과 같은 실험을 했다. 바우마이스터 교수는 학생들을 모아놓고 세 그룹으로 나누었다.

첫 번째 그룹에는 2주일 동안 서 있을 때건 앉아 있을 때건 자세에 신경쓰며 생활하라고 지시했다. 학생들은 정신을 차리고 허리를 곧게 펴는 데 집중하며 2주간을 보냈다.

두 번째 그룹에는 2주일 동안 먹은 것을 모두 기록하라고 지시했다. 학생들은 아침 점심 저녁 식사뿐 아니라 공부하던 중에 먹은 간식과 심야에 TV를 보면서 먹은 감자칩도 모두 기록하며 2주간을 보냈다.

집중력을 키우는 공식

세 번째 그룹에는 2주일 동안 적극적인 마음과 긍정적인 감정을 유지하라고 지시했다. 학생들은 어두운 기분이 들었을 때도 긍정적인 생각을 하려고 노력하며 2주간을 보냈다.

그리고 약속 기일이 지난 뒤 학생들은 다시 연구실로 모여 코미디 프로그램이 나오는 TV 옆에서 대수롭지 않은 단순 작업을 묵묵히 해내야 하는 테스트를 받았다. 이 세 그룹 중에서 의지력이 강화된 것은 어느 그룹이라고 생각하는가?

왜 바른 자세만 유지해도 집중력이 좋아지는가

집중력이라는 말의 이미지로 보면 기록하는 작업을 실시한 두 번째 그룹의 의지력이 가장 강화되었을 것이라고 생각할 수도 있다. 그런데 가장 성적이 좋았던 그룹은 2주일 동안 서 있을 때도 앉아 있을 때도 자세에 신경 쓰며 생활하라고 지시를 받은 첫 번째 그룹이었다.

왜 이런 결과가 나왔을까. 평소에 무의식적으로 하던 행위를 하지 않으려 노력하는 데는 강한 집중력이 필요하기 때문이다.

우리는 평소 자세에 대해 별로 의식하지 않는다. 자신도 모르게 구부정한 자세로 앉아 있기도 하고 팔꿈치를 괴기도 하며 다리를 꼬고 앉기도 한다. 하지만 2주일 동안 자세에 신경쓰며 생활하다 보면 무의식적인 행동이 강하게 인식된다.

고개를 앞으로 쑥 내밀어 새우등 자세로 앉아 있다가도 "안 돼, 안 돼" 하며 곧바로 가슴을 펴고, 팔꿈치를 괴고 있다가도 황급히 허리를 펴는가 하면, 다리를 꼬고 앉아 있다가도 다시 고쳐 앉는다. 간단할 것 같지만 실제로 바른 자세를 유지하는 데는 상상 이상의 집중력이 필요하다.

이를 운동에 비유하자면, 아령을 가지고 무릎에 상당한 부하가 걸리는 근육운동을 하는 것과 같다. 무의식적인 행동을 알아채고 바로잡는 행동을 되풀이하면 할수록 의지력이 단련된다. 자신의 모습을 파악하고 상황에 맞게 적절하게 조절해나가는 '자기 감시(셀프 모니터링)의 효과'가 작용하기 때문이다.

스스로 자신의 행동을 객관적으로 관찰하고, 잘했는지 잘못했는지 평가하면 거기서 생기는 성취감이나 반성에 의해 행동을 한층 더 강화할 수 있다. 이처럼 자신의 무의식 행동을 관찰하는 훈련을 하면 타고난 자질이나 성격과 상관없이 누구나 의지력의 총량을 늘릴 수 있다.

훈련 방법은 자세 이외에도 여러 가지가 있다. 오른손잡이라면 반대로 왼손을 사용하여 양치질을 하거나 문을 여닫고, 컴퓨터

마우스를 사용하는 등 평소 무심코 하던 행동을 바꾸는 것만으로도 동등한 효과를 얻을 수 있는 것으로 밝혀졌다. 자세한 것은 제2장에서 소개한다.

집중력을 빼앗는 것들

집중력이 필요한 작업을 습관화해 의지력의 소모량을 줄이는 방법이 있다. 구체적으로 설명하기 전에 한 가지 질문을 하겠다.

당신은 언제 집중력이 필요한가? 그 장면을 상상해 보라.

- 책상에 앉아 열심히 공부하는 상황
- 컴퓨터 키보드를 눌러 기획서를 만드는 장면
- 당구 큐를 들고 어떻게 칠 것인지 생각하는 모습
- 손끝에 의식을 집중하고 뜨개질을 하는 모습

일반적으로 집중한다는 것은 이처럼 뭔가를 하려고 하거나 몰두하는 상태를 말한다. 확실히 뭔가에 몰두할 때 집중력이 필요하며 의지력도 소모된다. 그럼 다음과 같은 상황에서는 어떨까?

사실 이 같은 상황에서도 집중력이 필요하다. 뭔가를 참고 있

공부하다 집중이 안 돼
자신의 뺨을 탁탁 치고 있다.

디저트를 먹고 싶었으나
다이어트 중이라서 참았다.

세미나에 참석해서
자신이 3년 후에 하고 싶은 일을
상상해 보았다.

투덜거리는 아내 말에
반박하고 싶었으나
그러지 못했다.

을 때나 무언가를 하고 싶을 때에도 의지력은 소모된다. 전두엽에는 '뭔가를 한다'거나 '뭔가를 하지 않는다', '뭔가를 원한다'라고 하는 선택이나 결단을 담당하는 영역이 따로 있다. 그리고 그 하나하나의 영역을 사용해 선택과 결단을 할 때, 비록 그것이 어떤 사소한 일이라 해도 뇌는 집중력을 사용하고 의지력도 줄어든다.

이런 식으로 피로가 축적되어가는 모습은 근육을 사용한 단순 작업과 비슷하다. 무거운 것을 여러 번 들어 올리다 보면 몸이 피곤해져서 움직일 수 없게 된다.

이와 마찬가지로 무언가에 몰두하거나 유혹에 저항하거나 장래의 목표나 내일의 예정을 생각하거나 하면 의지력이 소모되어 집중력을 발휘할 수 없는 상태가 되어 버린다. 이때 필요한 것이 습관화로 의지력의 소모량을 줄이는 방법이다.

당신이 피곤한 진짜 이유

콜롬비아 대학 시나 아이엔거 교수는 저서《선택의 기술The Art of Choosing》에서 인간의 의사결정에 관한 흥미로운 실험결과를 소개했다.

아이엔거 교수 연구팀은 한 마트의 시식코너에 24종류의 잼을 진열했을 때와 6종류의 잼을 진열했을 때, 매출에 어떤 차이가 나는지 알아보고자 했다. 결과, 잼의 종류가 다양했을 때 보다 많은 인원이 모여 시식한다는 결론을 얻을 수 있었다. 이 결과만 보면 선택지가 많은 시식코너가 많은 사람을 끌어들인다는 것을 알 수 있다.

그런데 시식 후에 잼을 구입한 손님의 비율은 그 반대였다.

24종류의 잼을 진열해놓은 시식코너에는 그곳을 지나친 사람의 60%가 시식을 했고, 6종류의 잼을 진열해놓은 시식코너에는 그곳을 지나간 사람의 40%가 시식을 했으나 시식과 판매에는 차이가 있었다. 6종류의 잼이 진열되어 있는 시식코너를 방문한 고객 중 잼을 구입한 사람은 30%였으나 24종류의 잼이 진열되어 있는 시식코너에서는 구입한 사람이 단 3%에 지나지 않았다. 결론적으로 사람은 다양한 선택지를 접하면 구매결정을 내리지 못한다고 할 수 있다.

이 실험 결과는 다양한 비즈니스 마케팅에 영향을 주어 지금은 '선택지를 많이 제시하는 것보다 적게 제시하는 편이 성과로 연결된다'고 생각하게 되었다.

너무 많은 선택지는 사람의 의지력을 빼앗아버리기 때문에 쉽

잼 실험

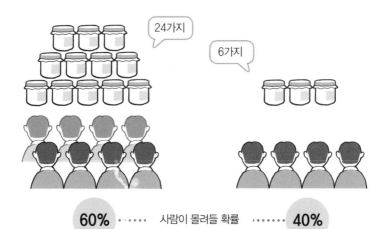

60% ······ 사람이 몰려들 확률 ······ 40%

종류가 다양할수록 사람은 몰려들지만
둘 다 시식한 가짓수는 평균 2종류였다.

3%   구입한 확률   30%

잼을 구입한 인원수는
선택지가 많을수록
구매결정을 내리지 못하고
사지 않는 선택을 한다.

게 의사결정을 내리지 못한다.

미국 연구에 의하면 현대인은 하루 평균 70번 정도 선택을 하거나 결단을 내린다고 한다. 아침에 눈을 뜨면 아침식사로 무엇을 먹을 것인가 결정해야 하고, 어떤 옷을 입고 나갈 것인가, 어느 경로로 출근할 것인가 결정해야 한다.

직장에 가서도 무슨 일부터 시작할 것인가 결정해야 하고, 걸려온 전화를 받을 것인가 말 것인가, 메일의 답장은 즉시 해야 할 것인가 말 것인가, 회의에서 발언을 할 것인가 말 것인가 결정해야 한다.

일상생활 속에서 뭔가를 하거나 하지 않겠다는 선택과 결단을 되풀이할 때마다 의지력은 줄어든다. 이 때문에 아침에는 의욕이 충만했어도 점심시간을 지나 날이 저물 무렵에는 지쳐버리는 것도 당연하다.

의지력이 일정 이하가 되면 어떻게 될까? 잼을 이용한 실험에서 밝혀진 것처럼 나중으로 미루게 된다.

그런데 무엇인가 결정해야 할 것들을 머릿속에서 하다 말거나 나중으로 미뤄두면 무의식중에 계속해서 신경을 쓰게 된다. 이러한 상태를 '결정 피로'라고 한다. 결정을 방치하거나 뒤로 미룬 경우에 의지력이 소모되는 현상을 가리킨다. 즉 사람은 행동이 아니라 '의사결정' 때문에 피곤하다.

피곤할 때 일을 미루고 싶어지는 것은 결단할 힘이 남아 있지 않기 때문이다. 그러니까 뒤로 미루는 행동을 취하는 것이다. 그런 상태에서는 집중력이 바닥나 있기 마련이다

희한하게도 뒤로 미루면 미룰수록 의지력은 줄어든다. 소모되어 가는 것이다. '지금 하지 않으면 훨씬 귀찮아진다'는 말을 흔히들 하는데, 그 말이 맞다.

그 밖에도 집중력을 빼앗는 것들이 있다. '이 사람에게 메일을 보내야 하는데…', '이것을 사두어야 하는데…' 식의 사소한 일을 들 수 있다. '이걸 해야 하는데… 하지만 나중에 해야겠다', '이건 보류해두자'는 식으로 미뤄두면 그것을 결정할 때까지 계속해서 의지력이 소모된다.

그러니까 바로 결정할 수 있는 구조를 만들어 두고, 즉시 판단하는 것이 좋다. 그리고 이런 세세한 일은 일괄 처리하는 것이 가장 효과적이다.

어디에 의식을 두면 좋을까

매일의 잡무에 쫓겨 의지력을 소모해 가는 사람이 있는가 하

면, 하루 내내 집중력을 유지하는 것처럼 보이는 사람도 있다. 사실 집중력을 온종일 유지하는 사람과 그렇지 못한 사람의 차이는 의지력의 소모량에 달려 있다.

그럼 대체 무엇을 어떻게 해서 의지력의 소모량을 줄여야 할까? 의지력의 소모량을 줄이는 가장 좋은 방법은 프롤로그에서도 언급한 '습관화'이다.

온종일 집중력을 유지하는 사람은 행동을 습관화함으로써 의지력을 소모시키지 않고 집중 상태에 들어간다. 예컨대 자전거는 한번 탈 수 있게 되면 누구나 거의 무의식 상태에서 페달을 밟는다. 그러면 뇌의 전두엽이 아닌, 소뇌가 주로 사용되게 된다. 자전거를 탈 때마다 "자, 자전거를 타야지"라고 단단히 마음먹고, '처음에는 오른발부터 페달을 밟아야지'라고 생각한다면 동작에 집중해야겠지만 무의식적으로 페달을 밟기 시작하면 의지력이 거의 소모되지 않는다.

이런 식으로 하루 내내 집중하는 사람은 의지력을 소모시키지 않고 집중한다. 그리고 남은 의지력을 보다 중요한 일을 습관화하는 데 쓴다.

'집중력이 지속되지 않는다'고 고민하는 사람일수록 중요도를 정하지 않고 그때그때 닥치는 대로 일을 처리한다. 그러면 의지력의 소모가 심해서 집중력이 금세 끊겨 버린다.

말하자면 한정된 의지력을 비효율적으로 쓰기 때문에 집중력이 지속될 수가 없다. 그 결과, 몇 번을 반복해도 습관화되지 않아 한 번에 처리할 수 있는 일이 단 하나로 끝난다.

이 악순환에서 벗어나려면 새로운 습관을 뇌에 새기는 데 집중력을 써야 한다. 하나하나 의지력을 소모시키지 않고 처리할 수 있는 작업을 몸에 익히는 것이다. 이렇게 해서 에너지를 절약하면서 습관화에 집중하면 점차 집중력을 잘 컨트롤할 수 있게 될 것이다. 습관화에 대해서는 제2장에서 자세히 다룬다. 기대하기 바란다.

정리

집중력을 높이는 방법은
①의지력을 늘리고 ②의지력의 소모량을 줄이는
2가지밖에 없다.

일괄 처리

잔손이 많이 가는 자질구레한 일은 하루를 마칠 때 하는 식으로 어느 일정한 시간에 한꺼번에 해치운다.

모아두었다가 마지막에 하는 것, 이 점이 중요하다.

준비할 것은 큼지막한 포스트잇만 있으면 된다.

일이나 공부 중에 해서는 안 되는 잡다한 것들이 생각나면 일단 메모하고 즉시 머릿속에서 내보낸다. 그러고 나서 마지막에 한 번에 남김없이 처리한다.

포스트잇이 아니어도 메모지나 휴대폰의 메모장 기능과 음성 녹음 기능을 이용해도 좋다.

1분 정도에 할 수 있는 일이라면 즉시 해치워도 되지만 집중 상태에 들어간 후에는 그 이외 다른 일은 하지 말아야 한다. 그래야 집중력이 지속된다. 그리고 잔일은 다음 날까지 남지 않도록 모아 처리하는 일괄처리가 중요하다. 그러니까 회의나 협의를 할 때 좀 더 생각해보고 결정하자며 뒤로 미뤄두면 머릿속에서 계속해서 의지력이 소모된다.

그때그때 필요한, 즉시 결단을 내리는 방법에 대해서는 제2장 습관에서 자세하게 다루겠다.

집중력이 높은 사람은
장시간 집중하지 않는다

-

집중력이 높은 사람은
단시간 집중을 반복한다

▼

집중력에 대한 또 한 가지 오해는 '집중력=오래 계속하는 것'이라는 생각이다. 집중력이 높은 사람은 장시간 집중 상태를 지속시킨다는 이미지가 있으나 사실은 그렇지 않다.

원래 인간의 뇌는 오래 집중하지 못하게 되어 있다. 아주 먼 옛날 야생시대에 살았던 기억이 우리의 '본능'으로 남아 있기 때문이다. 당신이 사바나에 사는 초식동물이었다면, 무언가에 집중하는 것은 살아남는 데 도움이 될까? 아닐까?

만약 오아시스에서 물이나 막 싹 틔운 어린 풀을 먹는 데 정신이 팔려 있다면 언제 육식동물의 습격을 받을지 모른다. 자연계에서는 집중하지 않고 있어야 살아남는 데 유리하다. 여러 방향에 주의를 기울여야 위험한 상황을 피할 수 있기 때문이다.

바꿔 말하자면, 무슨 일이 생길지 모르는 환경에서 살아온 기억이 사람의 집중력을 흩어지게 만들었다고 할 수 있다.

앞서 언급한 것처럼 의지력은 집중하거나 판단하고 결단할 때마다 줄어든다. 그렇다면 사람의 집중력은 얼마 동안이나 지속될까? 최신 연구에서는 충분히 단련된 사람일 경우 '120분'이라고 한다.

어른이든 아이든 의자에 앉아 같은 자세로 한 가지 작업에 몰두할 수 있는 시간은 길어야 30분이다. 거기다 공부나 일의 경우 시작하면서 집중력이 서서히 높아지지만 정점을 지나면 확 떨어진다. 원래 지속되지 않는 성질이 있는 것이다.

언뜻 보면 집중을 잘하는 것처럼 보이는 사람일수록 중간중간 요령껏 휴식을 취하며 단시간 집중을 반복한다. 단시간이라 피곤하지 않고, 피곤하지 않기 때문에 집중 상태를 반복할 수 있다. "우리 아이는 잠시도 가만히 있지 못해요", "공부하고 있구나 생각하는 순간 즉시 딴짓을 해요"라고 고민하는 부모들이 많으나 이것은 아이가 건전하다는 증거이다.

시간은 짧게 나누고 싫증나기 전에 중단하라

'집중력은 오래가지 않는다'는 성질을 역이용하여 집중 가능한 시간을 효율적으로 쓰는 방법이 있다. 바로 미리 시간을 짧게 나눠 '조금 더 하고 싶다', '좀 더 할 수 있었는데'라고 약간 아쉬운 마음이 드는 시점에서 일이나 공부를 중단해 버리는 방법이다.

일이나 공부 도중에 손을 놓았을 때의 장점은 3가지가 있다.

• 의지력이 다 소모되기 전에 멈췄으므로 피로가 쌓이지 않는다.

• 15분이면 15분, 30분이면 30분으로 짧게 끊으면 시간관리가 쉬워진다.

• 하다 말았다는 느낌이 남아 '빨리 이어서 해야겠다'고 생각하게 된다.

위에서 특히 세 번째 이점은 아주 크다. 휴식을 취하며 쉬는 동안에도 '좀 더 하고 싶다'는 의욕을 유지할 수 있다. 그러면 일이나 공부를 재개했을 때, 쉽게 집중 상태로 들어갈 수 있을 뿐만 아니라 지속시킬 수도 있다. 이것을 '초조 효과'라고 한다.

일이나 공부의 속도를 내고 싶다면 초조한 마음을 이용해보라. '조금 더 하고 싶다', '한 가지 더 하고 싶다'라고 하는 마음은 능률 향상으로 이어질 수 있다.

그런데 '쉰다'는 것에 죄책감이나 저항을 보이는 사람도 있다. 그래도 안심하라. 손을 놓고 그 자리를 떠난다고 해도 뇌는 하다

만 그 작업을 계속 생각한다.

자세한 것은 '원칙 3'에서 언급하겠지만, 오히려 그런 '무의식의 힘'을 빌리면 막힌 일의 실마리를 찾을 수도 있다.

일이나 공부를 짧게 나눠 함으로써 얻을 수 있는 장점은 앞서 든 3가지 외에도 많다. 그러니까 일이나 공부를 마무리짓기 좋은 곳까지 끌고 나가는 사람은 방식을 바꿔보라. 아무리 의지력을 단련해도 집중력이 지속되는 시간을 무한정 늘릴 수는 없다.

효율적으로 집중하기 위한 시간 사용법에 대해서는 제4장에서 자세히 소개하겠다.

왜 늘 예상 시간을 오버하는 걸까

집중력이 언제까지고 지속될 것이라고 착각하는 이유는 시간과 마찬가지로 눈에 보이지 않는 자원이기 때문이다. 사람은 눈에 보이지 않는 것에 대해서는 무작정 '무한히 있다'고 믿어 버리는 경향이 있다. 그리고 이런 착각은 집중력을 잘 활용하지 못하는 원인이 되기도 한다.

이를테면 아침에 시작할 때는 '여기까지 할 수 있다'고 생각했던 일이 퇴근시간이 될 때까지도 끝내지 못해 야근을 하기도 한다. 벼락치기 하면 어떻게든 되겠지 하고 미루고 있다가 막상 시험 전날 밤이 되면 그동안 하지 않은 것을 후회하기도 한다. 누구나 한두 번은 이런 경험이 있지 않을까?

이런 경향은 어제오늘의 일이 아니다. 영국의 역사가이며 사회경제학자인 시릴 노스코트 파킨슨은 1950년대에 다음과 같이 지적했다. 바로 파킨슨의 법칙이다.

'모든 일은 주어진 시간이 소진될 때까지 늘어진다.'

시간이 충분하다고 착각하면 눈앞의 일에 대해서 여러 가지 선택지를 생각하고 시행착오를 거듭한다. 여러 가능성을 시도하는 일은 나쁜 일은 아니지만 집중력이라는 관점에서는 단점만 늘게 된다.

예컨대 60점 정도의 완성도로 제출하면 되는 일을 100점을 목표하여 마감을 지키지 못하거나, 100점을 목표로 하는 도중에 지쳐 결과적으로 품질이 떨어지기도 한다.

왜 그렇게 되는 걸까?

사람은 선택지가 늘고, 결단하는 기회가 늘수록 갈피를 못 잡고 망설이는 바람에 의지력을 잃기 때문이다.

몰두하는 시간은 짧게 잡을수록 좋다

'이것도 저것도 할 수 있다…'고 생각하는 상태일수록 집중하지 못하기 때문에 좋은 성과로 이어지지 못할 가능성이 높다.

파킨슨은 이러한 사태를 피하기 위한 매우 단순한 대응책을 제시한다. 일이나 공부 시간을 짧게 나누라는 것이다.

앞서 '초조 효과'에서도 15분 아니면 30분으로 시간을 나누라고 했다. 그러면 할 수 있는 일이 자연스럽게 좁혀진다. 불편할 것 같지만 집중력은 자유로울 때보다 제한이 있을 때가 더 높아진다. 예를 들어, 시간을 나누고 '정시에 퇴근한다'고 하는 데드라인이 정해지면 그때까지 최소한 해치워야 할 작업량과 처리하는 데 걸리는 시간을 의식해야 발상이 바뀐다. 즉 몰두해야 할 일이 결정되고, 사용할 수 있는 시간이 정해지면 선택지가 좁혀진다. 그 결과, 의지력의 소모량이 줄어 집중력이 생긴다. 그러면 일이나 공부에서 단시간에 좋은 결과를 얻을 수 있다.

집중력이 생긴 상태에서 일이나 공부를 하면 소비한 시간이 같아도 보다 질 높은 성과로 이어진다. 집중력이 생겨 처리하는 속도를 2배, 3배로 내게 되면 소요 시간도 2분의 1, 3분의 1로 단축된다.

'중요한 일일수록 바쁜 사람에게 맡겨라'라는 말이 있다. 바쁜 사람일수록 일의 중요 순위를 매기는 판단력이 있고, 집중력을 활용하는 리듬을 잘 알고 있기 때문이다. 집중해서 작업하는 습관이 되어 있으므로 똑같은 시간이 주어져도 다른 사람보다 두세 배 많은 일을 할 수 있다. 요컨대 수행력=집중력×시간이라는 공식이 성립되는 것이다.

이것은 타고난 재능이 아니라 노력이나 습관화, 환경의 변화에 따라서도 익힐 수가 있다. 가령 일하는 엄마(아빠)는 아이가 태어나기 전에 비해서 시간을 매우 효율적으로 활용한다. 이는 자연히 시간을 쪼개 쓰기 때문이다. 아침에는 어린이 집에 아이를 보낼 때까지 해야 할 집안일을 정리한다. 밤에도 야근을 할 수 없기 때문에 일을 효율화할 수밖에 없다. 그 결과 집중력을 살리는 리듬이 몸에 배어 간다.

의사 결정 횟수를 줄여라

일이나 공부는 일정 시간으로 나누어 하는 게 좋고, 하던 일을 도중에 멈추고 휴식을 취한 후에 다시 시작하는 게 좋다. 집중 상태를 효과적으로 사용하는 이 리듬에 대해서는 이미 언급했다.

이 리듬을 실천하는 데 있어 중요한 것은 짧은 휴식을 취한 후 얼마나 신속하게 일이나 공부를 재개하는가 하는 것이다.

이때는 '환경'을 강제력으로 활용하는 방법이 효과적이다. 가령 나의 작업실 책상에는 펼친 채로 둔 노트와 책, 펜, 영국 옥스퍼드 대학에서 사온 테이블보밖에 없다. 그 이외의 것은 아예 방에 들여놓지 않거나 혹은 사지 않는다. 펼친 채로 둔 노트에는 작업을 중단한 시점의 원고나 메모가 남아 있다. 그 옆에는 관련 서적이 놓여 있고, 언제든지 쓸 수 있게 펜이 있다. 그리고 그 아래에는 테이블보를 깔아 놓았는데, 이것은 배움의 즐거움을 재확인한 옥스퍼드 대학에서 구입한 것으로 책상에 앉는 기분을 좋게 해준다. 이것이 내 나름의 집중할 수 있는 '환경'이다.

이러한 환경 만들기의 포인트는 자신이 행동하기 쉽게 만드는 것이다. 구체적으로는 선택지와 물건을 줄이고 집중력을 빼앗는 망설임이나 결단을 줄여야 한다. 노트를 펼친 채로 두는 이유는 '노트를 편다'는 결단만으로도 의지력이 소모되기 때문이다.

이는 미네소타 대학과 플로리다 주립대학에서 행한 연구에서도 밝혀졌다. 결코 풀리지 않는 퍼즐을 사용해, 결단하고 임한 경우와 결단하지 않은 채로 임한 경우를 비교했다.

대상이 된 학생 본인에게 어느 수수께끼를 풀 것인지 선택하게 한 경우와 '이 퍼즐을 풀라'고 제시했을 경우 전자는 9분을, 후자는 12분 30초를 유지했다. 즉 결단을 하지 않고 임해야 오래 잘 버틴다는 것이다. 어떤 작은 일이라도 의사 결정을 하고 나서 작업에 들어가면 그만큼 집중하는 시간이 줄어든다.

반대로 의사를 결정하는 횟수를 줄이면 줄일수록 더 큰 성과를 얻을 수 있다. 그러니까 휴식 후 공부나 일로 되돌아올 때 펜을 잡기만 해도 자동적으로 시작할 수 있는 환경이 만들어지면 그만큼 집중력이 지속된다.

휴식을 취할 때는 의식해 하던 일과는 분리하는 것이 중요하다. 머리를 쓰지 않는 간단한 퀴즈를 풀거나 짧은 동영상을 보는 것도 좋고, 그 자리를 떠나 산책하거나 짧은 수면을 취하는 것도 좋다. 눈을 감고 명상을 하는 등 의식을 돌려 편안하게 쉴 수 있는 것이라면 무엇이든 괜찮다.

구체적인 휴식의 노하우는 제3장에서 자세히 설명한다.

최대의 성과는 짧은 시간 집중으로 얻을 수 있다.
'판단'이나 '망설임'이 없어지는 만큼 집중력은 높아진다.

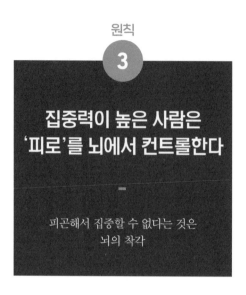

원칙

3

집중력이 높은 사람은
'피로'를 뇌에서 컨트롤한다

피곤해서 집중할 수 없다는 것은
뇌의 착각

▼

공부를 하거나 일하는 중에 점차 하고 싶은 마음이 없어지며 피곤하다고 느끼는 순간 집중할 수 없게 돼버린다⋯⋯. 당신도 이런 경험을 한 적이 있을 것이다.

이럴 때 집중이 되지 않는 이유를 "의욕이 꺾였다"거나 "동기부여가 되지 않는다"라고 둘러대기도 한다. 하지만 피로나 의욕, 동기부여는 주관적인 것이어서 마구 오르락내리락하는 것이 아니다.

한 예로 심리학자 마크 무레이븐Mark Muraven 교수가 조사한 '뇌가 느끼는 피로감'과 '의욕 저하'에 관한 연구 결과가 있다. 무레이븐 교수는 의욕이나 동기부여 저하, 뇌가 느끼는 피로는 피로물질이 쌓여 근육의 움직임이 감소하는 것과 같은 실체가 있는 현상이 아니라고 말한다.

간단히 말하면, 뇌가 느끼는 피로감은 몸의 피로와는 달리 생각일 뿐이라는 것이다. 의욕이 생기지 않는다는 것도 주관적이다. 요컨대 피곤하니까 집중할 수가 없다는 것은 착각에 지나지 않는다. 때문에 뇌의 구조를 알면 피로에서 벗어나 의욕과 집중력을 되찾을 수 있다.

세계 정상급 선수가 단련하는 것은 '뇌'

이 같은 사실은 운동선수를 대상으로 한 최근 연구에서도 밝혀졌다. 여기서는 뇌가 피로를 느끼는 것은 어떤 상태인지가 중요한 연구 대상이었다.

예컨대 실험참가자가 "더 이상 못 뛰겠다", "이제 바벨을 들 수가 없다"라고 말할 때 육체적인 한계를 나타내는 젖산수치 등을 조사해 보면 의외로 각종 수치가 한계에 이르지 않은 것으로 나온다. 오히려 수치상으로는 '피곤하지 않다'는 범위에 들어가 있었다.

그럼 무슨 일 때문에 선수들이 한계를 느낀 걸까. 사실 방어 본능으로 뇌가 멋대로 '한계'라고 판단하고 제동을 걸었던 것이다.

당연히 이 제동에 몸을 맡겨서는 선수로서 운동 능력을 키우지 못한다. 그래서 트레이너늘은 뇌가 느끼는 한계를 뛰어넘을 수 있게 선수들을 이끌어간다.

그 방법이 고지 트레이닝과 저산소 트레이닝 등 부하가 높은 훈련이다. 이 훈련은 뇌가 느끼는 한계를 넘어서는 부하를 주어서 '피곤하다'는 착각이 일어나는 수준을 끌어올리는 데 목적이 있다. 심리학적으로 말하자면 암시의 일종이다. 그토록 열심히

했으니까 이번에도 한계를 뛰어넘을 수 있다, 훈련을 충분히 했으니까 실전에서도 좋은 결과를 낼 수 있다, 자신에게는 피곤해도 또 다시 버틸 수 있는 힘이 내재되어 있다, 그런 생각이 들게 함으로써 뇌가 거는 제동을 풀어서 피곤하다는 생각을 버리고 본래의 힘을 끌어내게 하는 것이다.

무릎과 팔꿈치를 왜 착각하는가

이런 훈련은 집중력을 단련하는 방법에도 응용할 수 있다.

노벨경제학상을 수상한 심리학자 대니얼 카너먼 교수가 저서 《생각에 관한 생각Thinking, Fast and Slow》에서 소개하면서 유명해진

이론에 '프라이밍 효과(점화 효과)'가 있다. 프라이밍 효과란 시간적으로 먼저 제시된 자극이 나중에 제시된 자극의 처리에 영향을 미치는 현상을 말한다.

내가 어렸을 때 "피자"라고 10번 외친 뒤 손가락으로 가리킨 것을 대답하는 놀이가 유행했다. 팔꿈치를 가리키며 "여기는?" 하고 물으면 "무릎"이라고 대답하기도 했다. 이것도 프라이밍 효과의 한 예로, 앞서 떠올린 특정 개념으로 인해 뒤에 제시되는 정보를 알면서도 틀리는 현상이다.

실험참가자에게 '사자, 코끼리, 기린' 같은 단어를 보이고, 속도

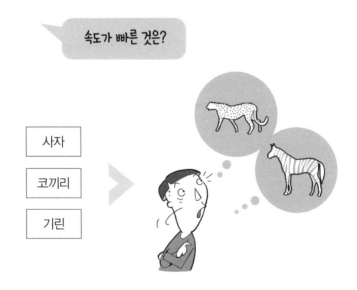

가 빠른 것은? 하고 물으면 "치타, 말"이라고 대답하는 경우도 많다. 실제로는 빛이나 신칸센, 전투기처럼 보다 빠른 것이 많이 있는데도 불구하고 실험참가자는 스스로 정답의 이미지를 '동물'로 한정해 버린다.

이처럼 앞서 들어온 정보가 머릿속에 자동적으로 떠올라 그 후의 의사 결정이나 사고에 영향을 미칠 수가 있다.

좀 더 복잡한 실험에서도 프라이밍 효과가 입증되었다.

뉴욕 대학 학생을 대상으로 '그, 찾는다, 그것, 노란색, 즉시' 등 5개의 단어 세트에서 4개의 단어를 골라 '그는 즉시 그것이 노란색이라는 것을 알았다'는 식으로 짧은 문장을 만드는 실험을 했다.

이때 한 그룹에는 5개 단어 중 한 단어만 '플로리다, 건망증, 대머리, 반백, 주름' 등 고령자를 연상시키는 단어를 섞어 놓았다. 단문 만들기를 마친 후 다른 실험을 하겠다고 학생들에게 알리고 나서 다른 방으로 이동하는 시간을 재보았다.

그러자 노인 관련 단어를 많이 다룬 그룹은 다른 그룹보다 걷는 속도가 느려지는 것으로 나타났다. 고령자라는 개념을 떠올리게 하는 선행 자극만 주었을 뿐, 고령자나 노인이라는 말이 하나도 나오지 않았는데도 걷는 속도가 느려지는 행동으로 이어진 것이다.

후속 실험에서는 단어로 단문을 만들기 전, 방에서 방으로 이동할 때 한 그룹의 학생에게는 평소의 3분의 1 속도로 걸어달라고 요청했다. 이 경우, 천천히 걷게 한 그룹은 고령자를 연상시키는 단어에 대한 인식속도가 빨라지는 결과가 나왔다.

이와 비슷한 예로 '대학 교수'에 대해 연상하기만 해도 시험 점수가 올랐다는 실험 결과도 있다.

프라이밍 효과로 재빨리 움직여라

이렇게 암시가 뇌에 미치는 힘은 매우 막강하다. 예컨대 날마다 부정적인 뉴스를 많이 접하다 보면 기분이 우울해지기 쉽다고 하는 경향도 밝혀졌다.

하지만 이 현상을 의도적으로 이용하면 집중력을 높일 수 있다. '집중력이 유지되었다'라고 자신이 느낀 환경이나 시간을 기록하는 방법이다.

의식하는가, 하지 않는가는 결과에 큰 영향을 미친다. 실제 기록만 했을 뿐인데 행동이 달라지는 경우는 여러 실험에서 입증되었다.

예컨대 호텔 객실 청소를 하는 사람을 대상으로 한 실험이 있다. 연구자는 실험참가자들을 두 그룹으로 나누고, 한 그룹에는 객실 청소 작업을 통해 소모되는 칼로리를 확인할 수 있게 열량표를 나눠주었다. 다른 그룹에는 열량표를 나눠주지 않았다.

그리고 열량표를 배부한 그룹에는 퇴근하기 전에 자신이 일을 통해 얼마나 칼로리를 소모했는지 계산하게 쓰게 했다.

침대에서 시트를 벗기는 일 – ○ 칼로리

시트를 다시 까는 일 – ○ 칼로리

욕실 청소 – ○ 칼로리

수건 교체 – ○ 칼로리

이 조건에서 두 그룹 각각 여느 때와 마찬가지로 일을 하게 했다. 그러자 완전히 똑같은 작업을 하는데도 열량표를 받고 자신이 소모한 칼로리를 의식한 그룹과 그렇지 않은 그룹 사이에 건강상태가 크게 달라진다는 결과가 나왔다.

열량표를 손에 들고 소모 칼로리를 기록했던 그룹에서는 체지방이 떨어지고 혈액의 건강도가 올라갔다. 신체 연령이 젊어지는 현상도 일어났다. 반면 평소처럼 일을 계속한 그룹에서는 주목할 만한 변화가 전혀 나타나지 않았다.

아무런 생각 없이 일하는 것이 아니라 그 작업이 건강에 좋다고 의식하기만 해도 몸의 상태가 바뀐다는 것을 알 수 있다.

이 실험에서 보듯이 어디에 의식을 두느냐에 따라 같은 시간 같은 작업을 하는데도 성과에 큰 차이가 생긴다.

당신이 어떤 환경에 있을 때 어느 정도의 시간 동안 집중력을 발휘하는지를 기록해보라. 계속 하다 보면 당신의 뇌에는 프라이밍 효과에 의한 암시가 걸려 그 환경, 그 시간대에는 자연스럽게 집중할 수 있게 된다.

"피곤하다는 말을 하지 마라"라고들 하는데, 의외로 과학적 근거가 있는 말이라고 할 수 있다.

집중력이 높은 사람은 집중하기 쉬운 환경을 선택하고, 들어오는 정보나 물건, 단어(말)도 골라 쓴다.

무의식에 내재된 힘은 크다.
집중을 방해하는 '환상의 피로'를 물리쳐라.

제2장

집중력을
높이는
7가지 엔진

최고 속도로
즉시
몰두할 수 있는
자신을 만든다

제1장에서는 과거 인류가 천적으로부터 몸을 지켰던 '야성의 기억'이 집중을 가로막는다는 일화를 소개했다.

이 타고난 본능과는 반대로 우리에게는 일하는 본능이 있다. 그것이 이 장에서 소개하는, 집중력을 실행시키는 7가지 엔진이다. 이들 엔진을 잘 사용하면 당신 안에 내재되어 있는 재능의 힘을 빌릴 수 있기 때문에 자유자재로 집중력을 발휘할 수가 있다.

제1장에서 소개한 '의지력을 늘린다'고 하는 관점과 '의지력의 소모량을 줄인다'고 하는 관점을 생각하며 읽어 나가기 바란다.

집중력을 마음대로 조종하는 7가지 엔진

장소

자세

식사

감정

습관

운동

명상

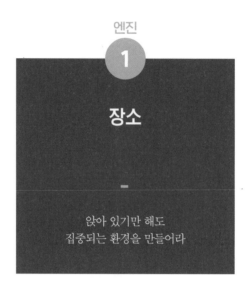

엔진

1

장소

-

앉아 있기만 해도
집중되는 환경을 만들어라

▼

먼저 당신에게 질문하고 싶은 게 한 가지 있다.

"공부하는 책상 위에 펜꽂이를 놓는다면 당신은 어느 것을 선택하고 싶은가?"

1. 빨간색 펜꽂이

2. 하늘색 펜꽂이

3. 노란색 펜꽂이

물론 좋아하는 색을 골라도 된다.

하지만 공부하는 책상 위에 물건을 올려놓기에는 하늘색이 제격이다. 왜냐하면 하늘색에는 집중력을 높여 체감시간을 단축하는 효과가 있기 때문이다.

책상 앞에 앉았을 때, 하늘색이 시야에 들어오면 집중 상태에 들어가기 쉬워지고, 게다가 60분을 45분 정도로 느끼기 때문에 공부가 생각한 것 이상으로 잘된다. 말하자면 하늘색은 학습에 적합한 색인 것이다. 물론 내 책상 위에는 하늘색 펜꽂이가 놓여 있다.

색상이 마음에 미치는 영향은 색채심리학이라는 이론으로 나와 있다. 예를 들어 빨간색은 투쟁심을 북돋우고, 노란색은 주의력을 환기시키며, 녹색에는 긴장완화 효과가 있다.

그러므로 색채심리학적으로 보면, 공부하는 책상에 빨간색 펜을 놓는 것은 최악이다. 빨간색이 지닌 심리효과로 인해 사고력이 저하될 수 있기 때문이다. 빨간색을 이용했을 때 '성과'가 올라가는 것은 운동과 연애의 경우뿐이다.

반대로 집중력을 높이는 하늘색의 효과는 다양한 곳에서 도입하고 있다. 야구의 포수글러브 (투수가 집중할 수 있도록), 육상 트랙 (예전에는 빨간색이었지만, 지금은 파란색 계통의 그라운드가 증가) 등 스포츠 분야에서도 많이 볼 수 있다.

이처럼 우리는 무의식중에 색에 의해 유도되기도 한다. 하지만 역으로 생각하면 색채의 작용을 아는 것만으로도 자신을 원하는 방향으로 유도할 수 있다.

집중하길 원한다면 색상뿐 아니라 사무실이나 자택 등 당신을 둘러싼 환경 속에 집중력을 가동시키는 엔진을 배치해보면 어떨까. 하늘색 펜꽂이는 그런 궁리의 한 예에 지나지 않는다.

여기서는 오늘부터 당장이라도 시작할 수 있는, '집중하기 딱좋은 장소 만들기'를 소개한다.

휴대폰이 집중력을 빼앗는다

집중하기 좋은 곳에서 일이나 공부를 하는 것은 결과를 좌우하는 중요한 포인트다.

책상 위가 어질러져 있거나 서류나 자료가 뿔뿔이 흩어져 있다면, 작은 선택(찾는 것)을 연속적으로 해야 하기 때문에 책상 앞에 앉기도 전에 의지력이 소모되고 만다.

사람들은 집중하기 시작할 때 보다 많은 의지력을 사용한다. 그러니까 '자, 이제 시작해볼까'라고 생각했을 때, 방해가 될 만한 것이 없어야 한다. 서류를 만들려고 컴퓨터 키보드를 누르려는 순간, 문자 수신음이나 전화 착신음이 들리고 휴대폰이 빛을 발한다. 그 소리와 빛에 반응하여 시선을 휴대폰 화면으로 돌리기만 해도 겨우 시작한 집중의 엔진이 멈춰 버린다.

장소가 집중력에 미치는 영향은 당신이 상상하는 것 이상으로 크다.

집중력이 생기는 장소로 바꾸고자 한다면 책상 주위와 작업 공간에서 휴대폰을 치워야 한다. 가능하다면 휴대폰 전원을 끄거나, 그곳에는 갖고 들어가지 않는 것이 좋다. 책상 위에 휴대폰이 놓여 있기만 해도 집중력이 떨어진다는 실험 결과도 나와 있다. 하지만 그렇게까지 철저히 차단하기는 어려울 수도 있다.

그래서 내가 실천하고 있는 게 있다. 전원을 끄거나 무음으로 설정한 뒤 서랍 속에 넣어두는 방법으로 휴대폰을 차단한다. 그리고 집중이 끊기는 사이클에 맞춰 전화 착신 이력이나 문자 메시지를 확인한다. 서랍이 없다면 책상 아래 발밑이나 뒤쪽 캐비닛 등 눈에 띄지 않는 곳에 휴대폰을 두는 것도 좋다.

집중이 끊기는 사이클은 제4장의 시간 사용법3 '울트라디언 리듬'에서 소개하는 90분 집중하고 20분 휴식하는 사이클을 말한다. 웬만큼 급한 일이 아닌 이상 이 사이클로 체크해도 큰 지장은 없다.

휴대폰을 비롯 주의를 딴 데로 돌릴 만한 일을 없애는 것, 이것이 집중력을 높이기 위한 '장소 만들기'의 기본이다.

물건을 줄일수록 자기 통제력이 느는 이유

주의를 딴 데로 돌리지 않기 위해서는 방 안의 물건과 그 레이아웃도 매우 중요하다.

집중력의 엔진이 되는 방이 있는가 하면, 제동이 걸리는 방이 있다. 책상이나 방에 물건이 어수선하게 흩어져 있으면 정신이 산만해져 집중할 수가 없다.

이 사실은 실험에서도 입증되었다. 어떤 환경이 집중력 유지에 좋은지 알아보기 위해 어수선한 방에서 작업하게 한 A그룹과 깔끔하게 정리된 방에서 작업하는 B그룹을 비교했다.

두 그룹은 같은 작업을 같은 시간 동안 한 뒤 얼마나 자제력을 유지했는지 테스트를 받았다. 그 결과 B그룹에 비해 어수선한 방에서 작업을 하던 A그룹이 더 불안하고 집중력이 없는 것으로 나타났다.

방안을 다니다 뭔가 장애가 되는 물건이 있으면 불안이나 두려움 같은 감정을 주관하는 뇌의 편도체가 반응해 버리기 때문이다. 거실 바닥 위에 가족이 둔 무언가가 있어도 "이게 뭐지?" 하고 경계하는 본능이 작용하여 그곳에 있는 물건에 주의를 빼앗기게 된다. 즉 책상 위나 집안이 깔끔하게 정리되어 있지 않으면 공부나 일하는 집중력이 떨어진다. 아울러 자기 통제 기능도 떨어져 가족과 다툼이 생길 수 있다.

방이나 책상을 정리해 깨끗한 상태로 유지하는 것이 중요하다. 그래야 집중력을 높여 주는 스위치가 되어 준다. 그러므로 가능하면 주변을 정리하는 습관이 몸에 배게 하는 것이 좋다.

습관에 관해서는 뒤에서 자세히 다루겠다.

환경이나 목적에 최적화하라

학창시절에 내가 경험한 일이다.

"공부에 집중하기가 어렵다", "집에서는 해이해진다"라는 말을 입버릇처럼 하는 친구가 있었다. 그의 방에 들어가는 순간 나는 그 이유를 알았다.

잡동사니가 어지럽게 쌓여 있는 경우도 그렇지만, 정리되어 있어도 긴장을 푸는 물건이나 신경을 끄는 물건이 있으면 아무래도 집중력은 달아난다.

TV와 마주한 곳에 편안한 소파가 있고, 그 사이에 낮은 테이블이 놓여 있어 바닥에 앉아 자료나 노트를 보며 공부하거나 노트북을 본다면 절대 집중할 수 없다. 왜냐하면 그 방은 소파에서 긴장을 풀며 TV를 보기 위해 만들어졌기 때문이다. 아마 드라마나 영화를 볼 때는 집중하기 아주 좋을 것이다.

하지만 이런 곳은 집중 엔진이 공회전하는 사이에 방해하는 것이 들어와 즉시 엔진을 꺼뜨릴 게 뻔하므로 공부하는 방으로는 적합하지 않다.

사회인이 되어서도 학창시절 방을 바꾸지 않고 그대로 사용하는 사람이 적지 않다. 자신이 가장 중시하고 싶은 목적에 맞게 방을 다시 꾸며 보라.

참고로 내 공부방이나 작업실에는 탁자와 책밖에 없다. 일이나 공부와 관계 없는 물건은 아예 소유하지 않는다. 그러면 아무것도 없는 것이 강제력이 되어 그 방에서 할 수 있는 것 한 가지에 집중하게 된다.

아무것도 없는 방에서 아무것도 하지 못하게 했을 때, 사람이 어떻게 되는지 알아보기 위해 한 심리학자가 실험을 했다.

세 끼 식사를 제공하고, 일급 100만 원의 보수를 주는 대신 아무 것도 해서는 안 된다는 조건으로 실험참가자를 모집했다. 바닥에 드러누워 있든 멍하니 앉아 있든 상관없다. 하지만 책 등 외부로부터 뭔가를 반입하는 것은 엄금이라는 조건이었다. 먹는 일 외에는 아무것도 하지 못하게 한 것이다.

여행자금 등을 모으려는 학생 여러 명이 실험에 참여했다. 그런데 그 곳에서 하루 동안 버틴 실험참가자는 극소수였고, 3일 동안 버틴 참가자는 전혀 없었다. 그곳에서 나온 실험참가자들은 모두 "아무것도 하지 않는 것을 견딜 수 없었다"고 말했다.

거꾸로 말하면 집중하고 싶은 대상 이외에 '아무것도 없는 곳'을 만들면 자연스레 집중력이 높아져 공부나 일이 잘된다. 집보다도 카페가 더 집중이 잘 되는 것도 자신이 몰두하는 작업 이외에는 아무것도 없기 때문이다.

공부하려고 카페에 가서도 테이블 위에 휴대폰을 꺼내 놓는 순간 집중은 단편적인 것이 되어버린다. 인터넷, SNS, 메일의 알림 등 우리 주위에는 주의력을 빼앗는 것들이 널려 있다. 집중하고 싶어 하는 사람들에게 현대는 불행한 시대인 셈이다.

아무것도 하지 않는 것을 견디지 못하는 인간의 본질을 이용하기 위해서는 심심풀이나 휴식의 재료를 배제해야 한다.

방을 목적에 맞춰 최적화하면 인간의 본능을 활용해 집중력을 높일 수가 있다.

책상 위에 놓으면 집중력이 높아지는 물건

쓸데없는 것을 줄여 공부하는 데 최적화된 나의 책상에는 공부나 일과는 상관없는 아이템이 하나 있다. 당신은 그 아이템이 무엇이라고 생각하는가?

바로 '거울'이다. 여느 때보다 오래 집중하고 싶을 때, 나는 얼굴이 비치는 위치에 거울을 놓아둔다. 책을 읽거나 글을 쓰다가 좀 피곤한 느낌이 들어 고개를 들면 시선 끝에는 거울에 비친 내 얼굴이 있다. 나는 직전까지 집중해서 책이나 노트를 보던 자신

공부하는 방

식사하는 방

휴식을 취하는 방

장소에 따라 해야 할 행동을 정해두면 망설이지 않는다.

을 다시 인식한다. 집중력이 다 떨어졌을 때는 해이해지기 시작한 자신을 의식하고 '안 된다'고 훈계도 한다. 그러면 실제 자신과 이상적인 자신이 비교되면서 이상적인 자신이 되고자 하는 힘이 생긴다. 이런 것을 심리학에서는 자기 인식력(객관적으로 자기를 보는 힘)이라고 한다.

높은 집중력을 유지하며 책상 앞에 앉아 있고 싶다면 방에 거울을 놔둬보라. 거울에 비친 자신을 보는 것만으로도 자기 인식력을 높이는 효과를 볼 수 있다.

지금 나의 작업실에는 2m 되는 전신 거울이 3개 있다. 수험생이던 당시에도 온몸이 비칠 정도로 커다란 거울을 방 벽에 세워놓고 책상 앞에 앉았다.

거울의 효과는 공부에만 국한되지 않는다. 직장에서도 책상 어

던가에 자신이 일하는 모습이 비치는 거울을 놓아두면 맥이 빠졌을 때, 집중력을 재가동시키는 엔진 역할을 해준다.

일이나 공부 등 내용에 따라 장소를 옮겨라

집중하고 싶은 대상에 따라 장소를 바꾸는 것이 효율적인 경우가 있다(여기에는 제1장에서 언급한 프라이밍 효과도 작용한다).

어느 조사에 의하면 천장이 높은 방에서는 아이디어를 얻기 쉽다고 한다. 좋은 아이디어를 원한다면 천장이 높은 방으로 가든가, 파란 하늘 아래를 산책하면 된다는 것이다.

사실 나도 작업장은 천장이 비교적 높은 방을 고른다. 아이디어는 천장 높이에 비례하기 때문이다.

반면 천장이 낮은 방은 세밀한 작업에 집중하기 쉬운 것으로 알려져 있다. 기초 지식이나 기본 문제를 머릿속에 집어넣는 공부를 할 때나 회계·사무 같은 수작업을 할 때는 천장이 낮은 방이 집중하기 좋다는 것이다.

그러니까 사무실이나 학교, 카페 등 천장이 높은 곳과 낮은 곳을 당신의 주변에서 찾아보라.

집중력과 분석 능력을 높여주는 빛과 소리

집중력을 높일 수 있는 공간 만들기로써 '책상 주위'와 '천장 높이'에 대해 언급했다.

마지막으로 소개할 것은 '빛'과 '소리'다.

잠자기 전에 휴대폰이나 컴퓨터에서 나오는 블루라이트(청색광)에 장시간 노출되면 수면의 질이 떨어진다고들 한다.

하지만 독일에서 진행한 한 연구에서는 낮에 블루라이트에 노출될 경우는 집중력과 분석력, 사고력을 높이기도 하는 것으로 나타났다. 심지어 점심식사 후 머리가 멍해지기 쉬운 '마의 오후'에 집중력을 유지하는 데 도움을 줄 수 있다고 지적하는 연구도 있다.

그 밖에 푸른빛이 지닌 효과로 여겨지는 것이 있다. 심리적 회전 능력(머릿속으로 입체물을 떠올리면서 움직이는 능력)을 상승시키는 효과이다.

반면 백열전구와 같은 노란빛 아래서는 독창성이 높아진다. 재미있는 것을 생각할 때는 휘황찬란한 불빛 아래가 아니라 약간 어두침침한 것이 효과적이다.

만약 당신이 이것을 잘 이용해 천장이 높고 약간 어두컴컴한

곳에서 아이디어를 구상한다면 평소에는 생각지도 못한 독특한 발상이 나올 가능성이 크다. 어두운 데다가 노란빛으로 인하여 의식이 흐릿한 상태가 되기 때문이다.

책상 앞에 있을 때보다 산책 중이나 화장실에 들어가 있을 때, 혹은 취침하기 전 이불 속에서 재미있는 생각을 해내는 것도 이와 같은 구조다. 명석한 판단력이 요구되지 않는 환경에서는 뇌의 다른 부분이 자극되어 아이디어가 나오기 쉽다.

도쿄 대학 합격자를 대상으로 한 조사에서도 무려 50% 이상의 학생이 자신의 방이 아니라 거실이나 카페 등 좀 시끌벅적한 곳에서 공부를 해온 것으로 나타났다. 이것은 '집중력과 소리'의

연관성을 보여주는 것이다.

브리티시콜롬비아 대학의 연구에서도 재미있는 결과가 나왔다. 도서관처럼 조용한 장소, 카페처럼 시끌벅적한 장소, 공사 현장처럼 시끄러운 장소 등 3그룹으로 나눈 실험참가자에게 아이디어를 내거나 기획안 작성 등 창의성이 요구되는 작업을 하게 했다.

그 중 가장 좋은 결과가 나온 곳은 카페처럼 시끌벅적한 장소였다. 게다가 사색하기에 적합하다고 여겨지는 조용한 도서관과 공사현장처럼 부적합하다고 여겨지는 시끄러운 곳은 결과가 거의 같게 나왔다.

그런데 뭔가 인풋하는 작업에는 조용한 장소가 더 적합하다고 한다. 특히 내성적인 사람은 잡음의 영향을 받기 쉽기 때문에 밀폐형 이어폰을 사용하여 소리를 차단하는 것이 좋다.

이 밀폐형 이어폰은 나 역시도 편리하게 사용한다. 인풋 작업을 할 때는 귀마개로 사용하고, 아웃풋 작업을 할 때는 음악을 듣기도 한다. 더 조용한 것을 원하는 사람은 소음을 차단해주는 기능이 있는 이어폰이나 헤드폰을 사용하면 좋을 것이다.

정리

휴대폰이나 불필요한 사물에서 벗어날수록
집중력은 높아진다.
목적에 따라 집중할 수 있는 나만의 공간을 찾아보자.

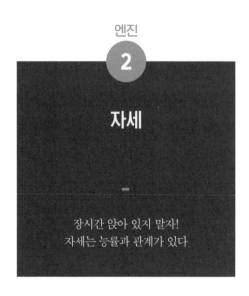

엔진

2

자세

—

장시간 앉아 있지 말자!
자세는 능률과 관계가 있다

▼

누구나 한 번쯤 이런 경험이 있지 않을까.

잠깐만 여기서 해야지 하는 생각으로 침대에 드러누워 책을 읽다가 자신도 모르게 잠이 들어버렸다. 빨리 마무리해야겠다는 생각으로 컴퓨터와 마주했으나 어느새 고개를 앞으로 쑥 내민 자세로 모니터를 보다가 목과 어깨의 피로를 느껴 평소보다 빨리 집중력이 떨어져 버렸다. 장시간 책상 앞에 앉아 있었더니 자신도 모르게 하품이 자꾸 나와 몇 번이나 기지개를 켰다.

모두 다 지극히 자연스런 일이지만 집중이 끊겨버린 원인은 '자세'에 있다. 어질러진 방이 의지력을 빼앗아 가듯, 집중력이 떨어지는 자세로 작업하는 것은 의지력을 소모하게 만든다. 작업을 시작하기 전에 먼저 자세를 바로 잡는 게 좋다. 단지 그렇게 준비하는 자체가 당신의 몸을 집중하기 쉬운 상태로 이끈다.

그 이유는 뇌의 구조에 있다. 집중력의 원천인 의지력을 관장하는 전두엽(뇌)의 에너지원은 포도당과 산소다. 그리고 포도당과 산소를 뇌에 보내주는 역할을 담당하는 것이 '혈류'이다.

건강한 사람의 뇌에는 항상 몸 전체 혈액의 15%가 모여 있다. 하지만 뇌의 크기 전체는 체중에서 차지하는 비중의 2% 정도에 지나지 않는다. 이렇게 작은 기관이 대량의 혈액을 필요로 한다는 것은 두뇌가 얼마나 많은 에너지를 사용하는지 보여준다.

자세는 뇌로 가는 혈류와 밀접한 관련이 있다. 알다시피 혈액은 심장이 펌프 역할을 하며 온 몸을 돌아다닌다. 보통의 경우 혈액 순환만으로도 생활에 충분한 에너지가 전신에 공급된다.

하지만 조깅 같은 운동을 하면 심장 박동이 빨라지듯이 에너지를 많이 사용할 때는 변화가 생긴다. 뇌는 평상시보다 포도당과 신선한 산소를 필요로 한다. 이때 문제가 되는 것이 자세다.

공부나 일은 앉은 자세로 계속해야 하지만 아무래도 장시간 지속되면 자신도 모르는 사이에 무너지고 만다. 예를 들어 허리가 구부러지고 새우등이 되면 가슴 주위가 압박되어 자연스럽게 호흡이 얕아진다. 그러면 혈액 순환이 잘 되지 않아 뇌가 원하는 속도로 신선한 산소 공급을 하지 못한다. 그 결과 하품이 나오기도 하고 정신이 멍해져서 집중력이 떨어지기도 한다. 반대로 허리를 곧게 펴면 호흡이 깊어지고 혈액 순환에 좋은 환경이 갖추어져 뇌에 산소가 충분히 공급된다.

바른 자세는 집중력을 높이는 데 그만큼 중요하다. 자세가 좋아지면 전두엽의 기능이 활성화되는 효과도 있다. 횡격막 같은 호흡 관련 근육이 제대로 작동해 전두엽에 산소를 보내기 때문이다.

집중하기 어려운 자세를 취하지는 않는가

어떻게 앉아야 바른 자세라고 할 수 있을까. 먼저 나쁜 자세부터 지적해보겠다.

- **구부정한 자세로 앉는다** – 컴퓨터 모니터나 자료, 책 등에 집중하다 보면 자신도 모르게 고개를 앞으로 내밀고 구부정한 자세를 취한다.
- **한쪽 팔꿈치를 팔걸이나 책상에 대고 있다** – 머리 무게를 지탱하듯 한 손으로 턱을 괴고 한쪽 팔꿈치를 팔걸이나 책상에 대고 있다.
- **뒤로 젖힌 자세로 앉아 있다** – 편한 자세를 취한다며 등받이에 등을 기대고 엉덩이는 의자 앞쪽으로 내밀고 있다.
- **다리를 꼬고 있다** – 다리를 꼬고 몸을 비스듬히 앉은 자세로 일한다.

위의 네 자세 중 한 가지가 해당하는 사람이 있는가 하면, 네 가지 다 해당하는 경우도 있을 것이다. 어쨌든 이런 자세는 집중력이 떨어지기 쉽다.

다음 페이지 그림은 집중하기 좋은 자세를 소개한 것이다. 하지만 4가지를 늘 의식하고 유지하는 것은 여간 귀찮은 일이 아니다. 그렇다고 자세에 신경 쓰느라 작업 능률이 떨어진다면 그

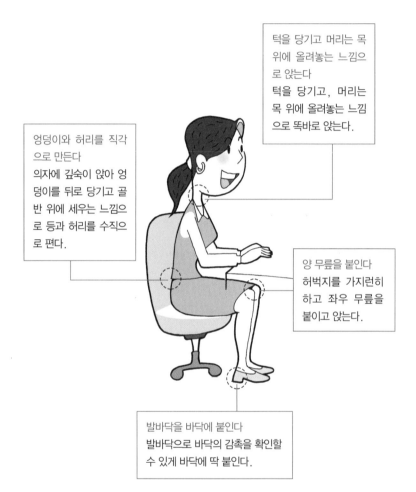

턱을 당기고 머리는 목 위에 올려놓는 느낌으로 앉는다
턱을 당기고, 머리는 목 위에 올려놓는 느낌으로 똑바로 앉는다.

엉덩이와 허리를 직각으로 만든다
의자에 깊숙이 앉아 엉덩이를 뒤로 당기고 골반 위에 세우는 느낌으로 등과 허리를 수직으로 편다.

양 무릎을 붙인다
허벅지를 가지런히 하고 좌우 무릎을 붙이고 앉는다.

발바닥을 바닥에 붙인다
발바닥으로 바닥의 감촉을 확인할 수 있게 바닥에 딱 붙인다.

야말로 본말이 전도된 것이 아니겠는가.

그래서 하루에 몇 번 바른 자세를 생각하고 자세를 바로잡는 습관을 들이는 것이 좋다. 언뜻 보면 피곤할 듯하지만 가장 합리적으로 전신에 힘이 분산되어 혈류가 저해되지 않고 집중력을 지속시킬 수 있는 이상적인 자세이다.

나는 자세가 흐트러지면 진동으로 이를 알려주는 '루모 리프트Lumo Lift'를 이용한다. 루모 리프트는 몸에 부착하는 소형기기로 미국 아마존에서 매우 인기 있는 제품이다.

15분에 한 번 일어서기만 해도 뇌가 상쾌해진다

앉은 자세와 집중력의 관계에 대해 소개했으나 나는 일이든 공부든 서서 하는 것이 가장 좋다고 생각한다. 사람은 15분 이상 앉아 있으면 인지 능력과 집중력이 저하되어 작업 효율이 떨어지기 시작한다는 연구 결과가 있기 때문이다.

하루에 6시간 이상 계속 의자에 앉아서 일해야만 하는 사람이 있다. 이런 사람은 비록 일상적으로 운동하는 습관이 있다 해도 1일 3시간밖에 앉아 있지 않는 사람에 비해 15년 이내에 사망할 위험이 40% 증가한다는 연구보고가 있다.

커피 마시러 가자~

15min

이러한 위험을 방지하는 방법은 하나뿐이다. 의자에 앉아 있는 시간을 줄이는 것이다.

하루 중 많은 시간을 데스크 워크에 쏟는 직장인이 있는가 하면, 집에서 컴퓨터 작업을 하느라 장시간 의자에 앉아 있는 사람도 있다. 현대인은 인류 역사상 가장 앉아 있는 시간이 긴 생활을 하고 있다. 그렇다고 해도 사무 계통의 일이라면 업무 중에 자리를 떠나기가 어려울 수도 있다.

이런 사람이라면 15분에 한 번꼴로 의자에서 일어났다 앉기를 시도해보라. 그 간격으로 의자에서 일어나면 뇌에 새로운 자극이 전해져 집중력을 지속시키는 효과를 얻을 수 있다. 복사기가 있는 곳까지 걷거나 자료 또는 음료를 가지러 가거나 화장실

에 가서 차가운 물에 손을 씻는 등 의자에서 일어나는 동작이라면 업무나 공부 중에도 어렵지 않게 할 수 있을 것이다.

15분에 한 번이라는 페이스는 집중력이 떨어지기에는 너무 빠르다고 생각할 수도 있지만, 15분을 한 세트로 생각하고 네 번 반복하면 1시간이다. 뇌가 피곤하거나 싫증나기 전에 의자에서 일어선다. 이런 사소한 동작을 하기만 해도 집중이 계속된다고 생각하면 의외로 이것이 좋다고 느낄 수 있을 것이다.

그러니까 적어도 15분에 한 번은 일어나서 움직여보라. 그렇다면 계속 서 있다가 가끔 앉는 것이 좋지 않을까? 나는 그런 생각이 들어 스탠딩 데스크와 스툴을 이용하고 있다.

서 있을 때는 앉아 있을 때보다 인지능력과 집중력, 판단력이 크게 상승한다는 연구 결과가 있다.

특히 빠른 판단력이나 사고가 요구되는 상황에서는 서서 하는 쪽이 훨씬 효과적이다. 실제로 한 외국계 기업에서 선 채로 회의를 진행해보았더니 판단과 결단이 신속하게 이루어져 회의 시간이 단축되었다고 한다.

스탠딩 데스크의 장점은 선 채로 작업을 할 수 있다는 점이다. 앉아 있는 상태보다 자연히 자세가 좋아지고, 제2의 심장이라 불리는 종아리를 많이 움직이게 되므로 혈류도 좋아진다. 가끔 앉는 의자로는 등받이가 없는 심플한 스툴을 사용하고 있는데, 높이를 조정할 수 있어 좋다. 부담 없이 앉거나 서거나 할 수 있으므로 기분 전환도 하기 쉽고 옮기기도 쉬워서 위치를 바꿔 작업하기에도 좋다.

나는 독서를 할 때도 방 안이나 안전한 곳을 걸으면서 읽을 때가 많다. 그렇게 책을 읽으면서노 마음에 드는 곳에 표시하기도 하며 다양한 정보를 얻는다.

일이나 공부는 앉아서 하는 것이라는 고정 관념을 버려라. 서서 책을 보거나 걸으면서 책을 보는 것도 집중력을 높이는 엔진 중 하나다.

정리

시간을 들이지 않고

그 자리에서 집중할 수 있는 방법이 '자세'다.

우선은 15분에 한 번 일어서는 일부터 시작하자.

엔진

3

식사

—

GI지수가 낮은 음식이 좋다.
집중력은 먹는 것으로 결정된다!

▼

인간은 살아가는 데 반드시 필요한 에너지를 음식을 통해 얻는다. 그런데 바쁠 때는 일단 배고픔을 채우기 위해서 음식을 먹기도 한다. 하루 먹는 음식을 잘 챙기기만 해도 집중력은 극적으로 변한다. 이것은 뇌과학과 영양학 분야에서 입증되었다.

그런 의미에서 우선 집중력의 원천인 의지력을 만들어내기 쉬운 '뇌와 식사의 관계'에 대한 설명부터 하겠다. 조금 길어지니까 건너뛰고 싶다면 '포도당이 없으면 뇌가 활발하게 움직이지 못한다'고 대충 이해하면 된다.

집중력을 만들어내고 뇌를 움직이는 데 필수적인 에너지원은 다음과 같이 6가지 영양소이다.

- 포도당
- 지방산
- 인지질
- 아미노산
- 비타민
- 미네랄

뇌는 복잡한 작용을 한다. 그런 만큼 어떤 영양소를 어느 정도 섭취하는 것이 좋다고 말하기는 어렵다. 여러 영양소들이 서로 연관 지어 뇌를 움직이기 때문이다.

하지만 집중력에 관련하여 말하면, 이 6가지 중에서 포도당이 매우 중요한 역할을 한다. 뇌는 다른 몸의 조직과 달리 포도당만 에너지원으로 이용하기 때문이다. 말하자면 포도당은 의지력의 연료고이며, 집중력을 지탱하는 원천이기도 하다.

더구나 뇌는 대식가다. 뇌가 체중에서 차지하는 비율은 2%밖에 되지 않는데도 에너지 소모량은 18%나 된다. 그 소모량은 시간당 5g이다. 뇌에는 포도당을 비축할 수 없기 때문에 부족한 분량은 간에 저장되어 있는 글리코겐을 필요에 따라 포도당으로 바꿔 보충한다.

하지만 간에 비축할 수 있는 글리코겐의 양은 60g 정도가 한도라서 길어야 12시간밖에 공급하지 못한다. 즉 그 사이에 식사를 해서 에너지를 보충해주지 않으면 뇌는 연료 부족 상태에 빠지게 된다. 당연히 몸을 움직이는 사령탑인 뇌가 연료 부족 상태가 되면 사고력과 행동력이 떨어지고 집중하는 힘도 끊기게 된다.

두뇌는 수면 중에도 쉬지 않고 계속해서 일하기 때문에 그동안에도 포도당이 소모된다. 그러니까 잠자리에서 일어나면 멍한 것은 당연한 일이다. 그만큼 뇌는 에너지 소모가 많은 기관이다.

GI지수가 낮은 식품과 간식이 집중력에 좋다

그렇다면 구체적으로 무엇을 어떤 식으로 먹으면 집중력이 높아질까. 키워드는 'GI지수가 낮은 음식'과 '간식'이다.

참고로 GI는 Glycemic Index의 약자로 식사 후 2시간의 혈당수치가 어떻게 올라가는지 보여주는 혈당지수를 말한다. 먹고 나면 혈당수치가 올라가는 음식을 고 GI 식품, 조금씩 상승하는 음식을 저 GI 식품이라고 한다(103쪽에 대표적인 예를 게재했다).

GI지수가 낮은 음식의 특징은 혈당수치가 완만하게 변화하는데, 이것이 집중력을 지속시키는 데 매우 중요한 포인트이다.

음식을 먹어 포도당이 보급되면 혈당수치가 상승한다. 뇌에 에너지가 전달되면 집중력도 사고력도 높아진다. 반면 혈당수치가 내려갈 때는 집중력도 떨어진다.

주의해야 할 점은 급격히 상승한 혈당수치는 급격히 떨어지는 성질이 있다는 점이다. 왜 주의해야 할까? 이 혈당수치가 요동칠 때, 인간은 강한 스트레스를 느끼기 때문이다.

예컨대 GI지수가 높은 음식을 중심으로 아침밥을 먹었을 경우 이런 일이 일어난다. 식사 후에는 혈당수치가 올라가 멍한 상태에서 정신이 맑은 상태로 변한다. 하지만 그 집중 상태가 오래가지 않는다. 혈당이 떨어지면서 집중력도 떨어지고 주의력도 산만해진다. 아침부터 짜증이 난다면 먹은 음식 때문일 수도 있다. 혈당수치가 완만히 변화하는 저 GI 식품을 섭취해야 하는 이유가 여기에 있다.

다음 페이지의 목록을 보면 같은 빵이라도 통밀빵과 피자 반죽은 저 GI 식품이고, 식빵과 바게트, 베이글은 고 GI 식품이다. 그 밖에 현미, 오트밀, 퀴노아, 사과, 메밀, 옥수수, 흑당 등 자연 그대로 먹는 식품이 저 GI인 경향이 있다. 현미는 저 GI 식품이지만 백미는 전형적인 고 GI 식품이다.

GI지수가 낮은 음식을 세 끼 식사에 고루 섭취하고 혈당수치의 변동을 완만한 상태로 유지하면서 의지력의 연료인 포도당을 뇌에 보내는 것, 이것이 집중력을 높이는 식사의 기본이다.

저 GI 식품과 고 GI 식품

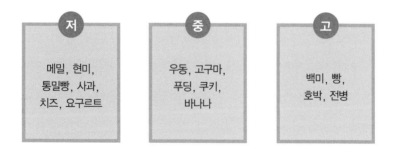

저	중	고
메밀, 현미, 통밀빵, 사과, 치즈, 요구르트	우동, 고구마, 푸딩, 쿠키, 바나나	백미, 빵, 호박, 전병

특히 뇌에 에너지가 떨어지는 아침식사는 중요하다. 아침을 거르는 생활로는 오전 중의 집중력을 높일 수 없다. 아침은 GI지수가 낮은 음식 위주의 메뉴로 충분히 아침을 챙기는 것이 좋다.

통밀빵과 사과, 요구르트와 같은 저 GI 아침식사라면 먹고 나서 2시간 후에 집중력의 절정이 찾아온다. 통학 전이나 출근 전의 타이밍에 식사를 마치면 학교나 회사에 도착하여 수업이나 일을 시작할 시간에는 정신을 가장 맑은 상태로 유지할 수 있다. 그래서 나는 GI지수가 낮은 참치나 아보카도, 현미를 사용해 덮밥요리를 잘 해먹는다.

간식 시간은 혈당 곡선에 맞춰라

세 끼 식사를 저 GI 식품 중심으로 짠다고 해도 역시 먹은 지 3시간이 지나면 혈당수치가 떨어지기 시작한다. 이때 비장의 카드가 '간식'이다.

예로부터 '3시 간식'이라고 했다. 점심식사를 한 지 약 3시간 후에 간식을 먹는 것은 매우 합당한 포도당 보급 방법이라고 할 수 있다. 하지만 백설탕이 듬뿍 들어간 케이크나 과자는 전형적인 고 GI 식품이므로 피하는 것이 좋다. 혈당수치가 급격히 올라가는 만큼 떨어질 때도 급격히 떨어지기 때문이다.

땅콩, 헤이즐넛, 캐슈너트, 호두, 아몬드, 피칸, 호박씨, 해바라기씨 등은 탄수화물이 적고 단백질이 듬뿍 함유되어 있는 이상적인 저 GI 식품이다. 거기다 아연, 오메가3 지방산, 오메가6 지방산, 엽산, 비타민E, 비타민B6가 풍부하게 들어 있다. 이런 성분은 모두 집중력과 사고력을 높이는 성분이다. 특히 오메가3와 오메가6 지방산에는 항우울 효과가 있어 긍정적인 사고를 하는 데도 도움이 된다. 더구나 견과류는 간식으로 먹어도 졸리는 일이 없다. (분량은 한 줌 정도가 적당하다. 무염 견과류를 추천한다.)

8시에 아침밥을 먹은 후라면 혈당수치가 내려가기 30분 전인 10시 경에 조금 먹는다. 점심을 먹고 나서는 3시 간식 시간대에

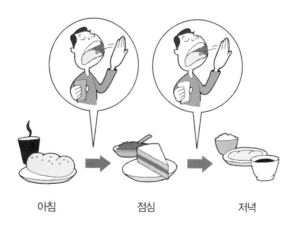

아침   점심   저녁

먹는다. 이런 식으로 꾸준히 견과류를 섭취해 뇌에 포도당을 보충해주면 집중력을 회복시킬 수 있다.

하루 중 맨 처음 먹은 식사(퍼스트밀)가 다음에 먹는 식사(세컨드밀) 후의 혈당치에도 영향을 미치는 것을 세컨드밀 효과라고 한다. 아침에 당질이 적고 식이섬유가 풍부한 음식을 먹으면 식후 혈당 상승이 억제될 뿐만 아니라 점심식사 후의 혈당수치도 억제하는 효과가 있다는 이 이론은 GI를 제창한 토론토 대학 데이비드 젠킨스 교수가 1982년 발표한 개념이다.

견과류나 대두 등에는 식이섬유가 많이 들어 있어 몸속으로 들어오는 탄수화물의 소화와 흡수를 늦출 수 있으며, 식사 후 혈당수치가 급상승하는 식후 고혈당을 억제하는 효과도 있다.

정리하자면 낮은 GI 식품을 중심으로 한 세 끼 식사와 견과류를 중심으로 한 간식이 집중력을 높일 뿐 아니라 오래 지속시키기까지 한다. 이 조합을 기본으로 하여 식생활을 재조정해보라.

커피나 에너지 드링크, 제대로 알고 마셔라

식사나 간식 뿐 아니라 커피와 에너지 드링크도 제대로 알고 마시기를 바라는 마음에서 몇 가지를 소개한다.

당신도 한두 번은 집중력을 회복시키기 위해 커피나 에너지 드링크를 마신 적이 있지 않을까? 그때 효과가 어땠는가? 집중력에 도움이 됐다고 느끼는 사람도 적지 않았을 것이다.

사실 커피나 에너지 드링크에 들어 있는 카페인에는 인지 능력 저하를 막는 효과가 있는 것으로 알려져 있다. 하지만 그 효과를 제대로 살리기 위해서는 약간의 요령이 필요하다.

우선 마시는 양은 커피의 경우 하루 450㎖ 정도가 적당하다. 스타벅스의 그란데 사이즈 또는 작은 커피잔이라면 약 3잔 정도에 해당한다. 그 이상 카페인을 섭취하면 뇌에 대한 자극이 지나쳐 메리트보다는 디메리트(스트레스 과민)가 크다.

한편 에너지 드링크의 적당량은 125㎖다. 이 양은 실제로 에너지 드링크 레드불Red Bull이 인지능력에 미치는 영향을 조사한

커피와 요구르트를 함께 섭취한다

커피   요구르트

실험결과에서 도출된 것으로 작은 캔이면 한 모금, 두 모금 남길 정도가 적당하다.

커피든 에너지 드링크든 카페인이 효과를 발휘하는 것은 마신 지 20~30분 후다. 그러니까 완전히 졸린 후나 집중이 떨어졌다고 느낀 후가 아니라 조금 앞서 마시는 것이 효과적이다. 그리고 가급적 3장에서 언급한 파워 냅(극히 짧은 시간의 낮잠)과 결합하면 효과가 훨씬 상승한다.

나는 오후가 되면 졸리기 전에 요구르트와 함께 커피를 마신다. 그런 다음 10분 정도 낮잠을 자고 나서 다시 일하기 시작한다. 뇌에 휴식을 준 후, 카페인으로 자극하면 인지능력을 높일 수 있어서다.

내가 요구르트와 함께 커피를 마시는 이유는 카페인의 효과가 떨어졌을 때 몸이 나른해지는 것을 막기 위해서다. 커피를 블랙으로 마시면 90분에서 150분 사이에 카페인의 효과가 떨어진다. 그때 오히려 몸이 나른해지는 경우가 종종 있다.

하지만 요구르트와 같은 유제품을 함께 섭취하면 지방분이 카페인의 흡수를 원활하게 하고 효과가 떨어졌을 때의 반동을 완화시켜준다.

한 컵의 물로도 집중력을 높일 수 있다

식사와 관련하여 중요한 내용 하나는 수분의 보급에 관한 것이다. 뇌의 80%는 물로 되어 있기 때문에 수분 부족이 그대로 의지력을 감소시키는 원인이 될 수 있다. 실제로 물을 마시지 않으면 집중력과 기억력이 떨어진다는 연구 보고가 다수 있다.

한 예로 이스트런던 대학과 웨스트민스터 대학 연구진은 물과 집중력의 관계를 알아보기 위해 실험을 진행했다. 실험에서는 지적인 작업에 집중하기 전에 약 0.5리터의 물을 마신 그룹과 마시지 않은 그룹을 비교했는데, 물을 마신 그룹은 마시지 않은 그룹에 비해 14%나 반응 시간이 빨라진다는 사실을 발견했다.

몸에서 2%의 수분이 빠져나가면 단번에 집중력이 떨어지는

것으로 알려져 있다. 특히 여름철 집중력 저하의 원인은 더위 이상으로 수분 부족의 영향이 크다. 그러니까 여름철에는 '물을 자주 마시는 것이 좋다'고 말하는 것은 집중력을 지속시키는 데도 좋은 방법이다. 수분 부족으로 인한 집중력 저하는 나이를 먹을수록 그 영향력이 커진다. 만일 당신이 40대, 50대 이후의 연령이라면 젊었을 때보다 더 자주 수분을 보충해줘야 한다.

수분 부족은 호르몬의 불균형을 초래하여 뇌에 영향을 준다. 이 악영향을 피하기 위해서는 자주 물을 마셔야 한다. 그것만으로 뇌의 작용을 돕고 지적 능력을 향상시키는 효과가 있다.

2%의 수분 감소를 막으려면 어느 정도 간격으로 물을 마시면 될까? 1~2시간에 1컵 정도의 수분을 보충하는 것이 적당하다. 공부하는 책상이나 사무실 책상 위에 페트병을 놓고 수시로 수분을 보충해주는 것도 한 방법이다. 다만 책상 위에 페트병이 있으면 작업 중 시야에 들어오기 때문에 집중력이 떨어질 가능성이 있으므로 발밑이나 서랍 속에 넣어 두는 것이 좋다.

의지력은 양질의 당분을 먹으면 증폭된다.
저 GI 식품+견과류를 먹어 집중력을 지속하라.

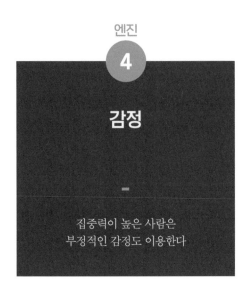

엔진

4

감정

—

집중력이 높은 사람은
부정적인 감정도 이용한다

▼

누구나가 경험하는 일이지만 정말로 집중할 때는 자신이 집중하고 있다는 것 자체를 의식하지 못할 정도로 깊이 빠진다.

당신도 시간 가는 줄 모를 만큼 한 가지 일에 집중한 경험이 있을 것이다. 재미있는 소설이나 만화책 내용이 앞으로 어떻게 전개될지 궁금해서 읽다 보니 한밤중이 되어 있기도 하고, 친한 친구와 정신없이 수다를 떨고 있다 가게가 문을 닫는 시간이 되어 있을 때도 있다. 자신이 기획한 프레젠테이션 자료를 정리하다 보니 주위에는 아무도 없이 조용해진 상태가 되기도 하고, 처음 하는 운동에 몰두하다 해가 저무는 줄 모르기도 한다. 이것이 바로 '몰입' 체험이다.

몰입은 20세기를 대표하는 심리학자 미하이 칙센트미하이가 주창한 것으로, 자신의 심리적 에너지가 100% 지금 몰두하는 대상에 쏠려 있는 상태를 말한다.

이 상태를 칙센트미하이는 심리적 에너지라고 표현했으나 '집중'으로 대체해도 문제가 없다. 즉 한 가지 일에 깊이 빠져 있는 상태가 몰입이다. 칙센트미하이는 사람이 몰입하는 데 필요한 주요 조건으로 8가지를 꼽는다. 그 중에서도 내가 강조하고 싶은 네 가지를 소개한다.

· 딱 좋은 난이도의 일에 몰두해야 한다

독서든 대화든 일이든 운동이든 지금 몰두하는 내용이 자신의 능력에 비추어 난이도가 너무 높지 않아야 한다. 그렇다고 간단히 할 수 있는 것이 아니라 있는 힘을 다 쏟아야만 달성할 수 있는 수준이어야 한다.

· 몰두하는 대상에 대한 통제감각이 있어야 한다

책을 읽는다면 자신의 리듬으로 읽어 나가야 하고, 대화를 나눈다면 기분 좋은 템포로 주고받아야 한다. 몰두하는 대상이 아이디어 수준이라면 그것을 눈에 보이는 형태로 만들어야 하고, 공이라면 마음대로 컨트롤할 수 있어야 한다. 자신이 몰두하는 대상을 자유자재로 조종하는 듯한 느낌이 드는 것, 이것이 중요하다.

· 직접적인 피드백이 있어야 한다

몰두하는 대상으로부터 즉각적인 피드백이 돌아오는 것이어야 한다. 독서라면 재미있거나 어떻게 진행될지 궁금해야 한다. 대화라면 상대의 미소, 동의, 반응이 있어야 하고, 기획서를 작성하고 있다면 '언어선택', '도안 작성' 같은 자극이 있어야 한다. 운동이라면 '잘됐다'거나 '실패했다'는 식의 신체적 감각이 필요하다. 이러한 반응이 자신의 내면에 울려 퍼져 기쁨이나 분함 같은 감정을 불러일으키는 상태여야 한다.

· 집중을 방해하는 요소가 없어야 한다

지금 마주하고 있는 대상 이외의 다른 것이 끼어들지 않는 환경이어야 한다. 예를 들어 책을 읽고 있는데 옆에서 말을 걸거나 대화 도중에 상대가 전화로 이야기하기 시작하면 하던 일을 중단할 수밖에 없다. 기획서를 작성 중인데 상사가 호출을 해도 하던 일을 멈춰야 한다. 집중을 방해하는 요소가 없어야 몰입할 수 있는 것이다.

이 네 가지 조건이 충족되면 사람은 과거에 경험한 적이 없는 높은 집중력을 발휘하여 몰입감이라 불리는 무아지경의 상태를 체험할 수 있다. 그러는 사이에 설레는 기쁨을 느끼고, 다시 한 번 몰입감을 체험하고 싶다는 욕심이 생기기 때문에 한층 성장할 수 있다.

희로애락은 집중력을 높이는 열쇠다

몰입감을 통해 얻는 기쁨의 감정이 집중력을 이끌어낸다. 이처럼 집중과 감정은 밀접하게 연결돼 있다. 일반적으로 '집중하고 있다'고 하면 가만히 책상에 앉아서 조용히 활동하는 모습을 떠올리는데, 이것도 집중력에 대해 잘못 생각하는 것 중 하나이다.

　사실 희로애락의 감정을 잘 조합하면 집중력을 보다 높일 수 있다. 스키의 점프 경기처럼 기쁨이라면 기쁨의 감정을, 분노라면 분노의 감정을 점프대로 이용하여 보다 빠르고, 더 멀리까지 향할 수 있다.

　참고로 몰입감의 경우는 기쁨의 감정이 바탕이 된다. 여기에 4가지 조건이 들어가면 집중력이 폭발적으로 높아져 좀처럼 들어가기 힘든 영역에까지 도달한다.

　마찬가지로 희로애락의 감정을 제대로 활용하면 집중력을 높일 수 있다. 몰입감만큼 강렬한 힘은 없지만 그래도 감정과 집중의 관계를 알면 집중력을 자유자재로 발휘하는 데 도움이 된다.

'분노'는 행동력과 문제 해결력을 높인다

예컨대 분노의 감정을 품고 있을 때, 해결의 실마리가 보이지 않던 과제나 기획과 마주하면 보다 쉽게 몰입할 수 있다.

분노는 누구나 가지는 감정이다. 분노에는 자신을 제어하지 못하는 부정적인 이미지도 있지만, 기본적으로 분노는 감정의 전달 수단이자 방어감정이기도 하다.

야생동물이 적에게 습격당했을 때 살아남기 위해 취하는 행동은 싸우거나 도망치는 것, 두 가지뿐이다. 두 행동 다 몸이 편안한 상태로는 할 수 없다. 근육을 긴장시켜 도망갈지 덤벼들지를 선택해야 한다. 그 지령을 내리는 것이 분노의 감정이다.

즉 분노는 생존 본능과 가장 밀접하게 관련되어 있는 감정이다. 그러니까 분노의 감정에는 사람을 움직이게 하는 강한 힘이 숨어 있다.

희로애락 중에서도 분노는 목표 지향 행동을 강하게 재촉한다. 목표 지향 행동이란 어떤 목적이나 목표를 갖고 하는 행동을 뜻한다. 사람은 목적이나 목표가 있고, 그것이 구체적일수록 적극적 행동으로 바뀐다.

예컨대 아침에 일찍 일어나기 싫어하는 어린이도 소풍이나 여행가는 날은 평소보다 2~3시간 일찍 일어나 준비하고 나가는 경우가 이에 해당된다. '놀러간다'는 구체적인 목적이 있기 때문에 집중력을 발휘해 행동하는 것이다.

이 목표 지향 행동은 분노의 감정을 잘 활용하면 더욱 촉진된다. '억울하기 때문에 노력한다'거나 '보기 좋게 갚아주기 위해 노력한다'와 같은 분노의 에너지는 목표 달성이나 문제 해결의 원동력이 된다. 그것이 결과적으로 집중력을 높이고, 어렵다고 손을 대지 않고 있던 어려운 과제나 기획 등 높은 장벽을 통과하는 데 도움이 된다.

하지만 분노의 감정은 절정이 짧다. 그러므로 '뭐야', '화가 난다'라는 감정이 일기 시작할 때 즉시 가방에서 메모지를 꺼내 해결책을 써놓는 것이 좋다.

분노를 느꼈을 때는 그 직후에 자신이 꼭 해야 할 일이나 목표로 하는 일에 집중해야 한다. 심호흡을 해서 한숨 돌리거나 진정한 다음 침착하게 할 것이 아니라 화난 채로 단기승부를 해야 한다. 이렇게 해야 분노를 이용해 집중력을 높일 수 있다.

자신에게 도움이 되는 긍정적인 행동에 분노를 꼭 이용해보기 바란다.

'슬픔'은 냉정하고 공정한 의사결정을 한다

'슬플 때'는 아무것도 손에 잡히지 않을 수가 있다. 그런데 사회심리학 연구결과에는 슬플 때일수록 사람은 냉정한 의사결정을 하는 것으로 나와 있다.

호주 뉴사우스웨일스 대학의 사회심리학자 조 포가스 교수는 약간의 우울이나 슬픔이 사람을 주의 깊고 끈질기게 만들어준다고 주장한다.

이를 입증하는 실험이 있다. 포가스 교수 연구팀은 실험참가자들에게 죽음과 암을 주제로 한 단편영화를 보여주고, 우울해진 상태에서 다양한 의사결정을 하게 했다.

실험 결과 단편영화를 본 그룹은 단편영화를 보지 않은 그룹보다 소문의 정확성에 대한 판단력과 과거 사건을 분석하는 능력이 더 높은 것으로 나왔다. 게다가 슬픈 상태에 있는 실험참가자는 모르는 사람을 선입견으로 판단하는 경향이 낮고, 계산 문제에서도 실수가 적은 것으로 나타났다. 슬픈 감정이 냉정하고 공평한 의사결정을 할 수 있게 만든 것이다.

하지만 슬픔 속에 있는 동안에는 행동력이 떨어지기 마련이다. 그런 의미에서 슬플 때는 투자나 새로운 활동 등에 대한 자신의

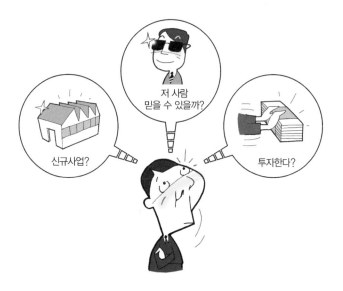

의사결정을 재검토하는 기회로 삼는 것이 좋다. 조용한 환경에서 책상 업무에 시간을 할애하면 슬픈 감정을 바탕으로 깊은 집중을 얻을 수 있을 것이다.

'기쁨'은 창의력을 높이고 의사결정을 빠르게 한다

기쁨의 감정은 사람을 창의적으로 만들고, 눈앞의 일에 대한 의사결정을 빠르게 하는 힘이 있다. 예컨대 "기획안이 통과됐다. 해냈다", "시험을 잘 봤다. 기쁘다", "그녀와 데이트할 수 있게 됐다. 야호!"같은 감정이 솟은 날은 그 기세대로 새로운 기획을 생각하거나 보다 창조적인 문제에 도전하면 좋다. 데이트 코스를 면밀히 검토하거나 창의적인 활동에 시간을 할애하는 것도 좋다. 그러면 기쁨의 기세 그대로 몰입감에 가까운 높은 집중 상태로 들어갈 수 있다.

특히 뇌를 개운하게 해주는 '브레인 덤프(목표를 달성하기 위하여 머릿속에 있는 것들을 모두 종이 위에 써서 깨끗이 비우는 일)처럼 머릿속에 있는 아이디어를 차례차례 꺼내는 데 쓰면, 평소에는 '시시하다'고 잘라버릴 만한 힌트에서도 의외의 플랜을 이끌어낼 수 있을지도 모른다.

긴장을 풀 수 있는 환경에서 가능하면 부정적이지 않은 사람과 대화를 주고받아야 더 효과적이다.

반대로 기분이 내키지 않을 때나 기쁨이 느껴지지 않을 때 하지 말아야 할 것이 있다. 바로 남의 말을 듣는 일이다. 특히 세일즈는 위험하다. "○○가 있는 생활을 상상하라"와 같은 말을 듣고 활발해진 창의력이 자극을 받아 빠른 의사 결정을 내리고 만다. 기세등등하게 "예스"라고 말해 버릴 수 있다는 것이다.

기쁨을 느낄 때는 슬픔을 느낄 때와는 반대로 냉정한 판단을 하지 못하고 앞서 나가기 쉽다. 무언가가 잘 될 때는 모든 일이 잘 될 것 같은 기분이 들기 때문이다. 판단력이 뛰어나 사업에 성공한 경영자가 보통 걸려들 것 같지 않은 투자사기에 걸려드는 일이 있는데, 이것은 기쁨의 감정을 상대가 교묘하게 이용한 경우가 대부분이다. 좋은 일이 생길 것 같은 기분이 드는 때일수록 판단력이 떨어진다는 것을 알아야 한다.

감정 변화를 예측해 스케줄을 잡아라

이런 감정의 변화를 집중력과 잘 연동시키는 방법이 있다. 희로애락이 생겨나는 이벤트를 스케줄에 끼워 넣는 이모셔널(감정 자극) 플래닝이 바로 그것이다.

감정을 집중력을 높이는 데 이용해보면 어떨까. 분명 능률을 끌어올릴 수 있을 거라고 생각한다.

정리

감정의 특성을 알고, 희로애락의 모든 감정을
집중력으로 변환해보라.

이모셔널 플래닝

친구와 놀거나 즐겁게 휴식을 취한 후에는 그 긍정적인 감정이 영향을 주기 때문에 일의 효율이 올라간다. 맛있는 점심을 먹고 기분이 좋아지면 아이디어 내기도 수월해진다. 아니면 느꼈던 짜증스런 일이 난제 해결에 실마리를 줄지도 모른다. 그리고 슬픈 기분으로 세세한 작업에 몰두하면 겸손한 마음으로 일을 할 수 있다. 이렇게 자신의 감정 변화를 미리 예측하고 스케줄을 잡는 것이 이모셔널 플래닝이다. 예를 들어 친한 친구와 놀고 난 뒤에 일을 하거나 휴먼 영화를 본 뒤 귀찮은 업무를 확인한다. 오후에 기획회의가 있는 날은 맛있기로 소문난 음식점으로 점심을 먹으러 간다.일부러 몹시 혼잡한 전철을 탄 후나 분했던 경험을 떠올리고 나서 어려운 문제를 처리한다. 그런 식으로 이벤트마다 변화하는 감정을 미리 예상하고 하루 일정을 짠다. 어떤 희로애락 감정을 이용하든 평소보다 집중해서 대응할 수 있을 것이다.

이모셔널 플래닝의 예시

8:00 교통이 몹시 혼잡한 시간에 전철로 출근

9:00 팀 성적을 개선할 수 있는 방안을 만든다

12:00 맛집에서 친구와 런치	13:00 기획서 아이디어 내기
15:00 휴식(부근을 산책)	15:30 업무
19:00 귀가	19:30 감동적인 영화보기
21:00 하루 돌이키기와 반성	22:00 취침

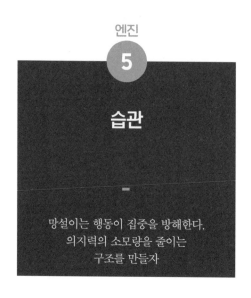

습관

망설이는 행동이 집중을 방해한다.
의지력의 소모량을 줄이는
구조를 만들자

▼

　제1장에서 의지력의 소모량을 줄이는 데는 습관화하는 것이 최고라는 점을 간단히 언급했다. 그럼 어떻게 해야 집중력을 높이는 습관이 몸에 밸까?

　판단이나 결단을 줄이는 것이 요령이다. 즉 의지력을 최대한 사용하지 않고 판단이나 결정을 할 수 있는 '구조'를 만드는 데 있다.

　여기서는 습관화하기 위한 '구조 만들기'에 대해 자세히 설명할까 한다. 아울러 집중력을 높이기 위해 익혀 두어야 할 습관으로 '정리하기'를 소개한다.

　나는 원래 인생의 중요한 목적 외에는 무관심한 편이다. 그런데도 새로운 분야에 계속 도전할 수 있었던 것은 '습관화'의 영향이 컸기 때문이다.

　이 습관들이기를 누구보다도 잘 도입하는 사람이 스포츠 선수들이다. 그들은 어릴 때부터 연습한 결과 고도의 선택과 결단의 연속인 치기, 달리기, 차기 같은 동작의 조합을 습관화한다.

　예컨대 프로골퍼의 티샷(티잉 그라운드에서 공을 치는 것을 말한다. 티에 공을 올려놓고 치며, 각 홀의 제1구에 해당한다)이나 피처가 던지는 변화구, 축구선수의 스루패스 같은 것은 순간적인 판단이 요구되기 때문에 아마추어는 도저히 할 수 없는 고도의 동작이다.

그런데 스포츠 선수의 뇌를 조사해 보면 어떤 플레이에서도 전두엽은 그다지 움직이지 않고 주로 소뇌가 움직인다. 몸은 단지 반사적으로 움직이는 것이다. 뇌가 습관화하면 그 습관에 따른 형태로 변화한다는 사실을 알 수 있다.

이는 집중력에서도 마찬가지다. 높은 집중력을 발휘해야 할 수 있는 작업도 습관화하면 집중하지 않고 처리할 수 있게 된다. 즉 습관화함으로써 의지력의 소모량을 줄이는 것이다.

이런 구조가 있기 때문에 스포츠 선수는 18개 홀, 9이닝, 90분 간이라는 각 경기 시간 동안 계속해서 높은 집중력을 발휘할 수가 있는 것이다.

이것은 스포츠 선수뿐만 아니라 업무 전문가들도 그렇다. 그들은 스킬을 익힐 때까지는 전두엽을 사용하며 배우지만, 습관화한 후에는 의지력을 사용하지 않고 행동으로 옮긴다. 그러니까 장시간 동안 몇 가지 일을 해낼 수 있는 것이다.

그런 사람의 모습을 옆에서 보면 집중력이 잘 지속되는 것처럼 보인다. 하지만 사람은 습관화된 행동은 거의 의지력을 소모하지 않고 처리할 수 있게 된다. 이것은 그들의 뇌가 특별해서가 아니다. 집중력을 사용하는 대상이 보통 사람과 다를 뿐이다. 그

능력 있는 사람

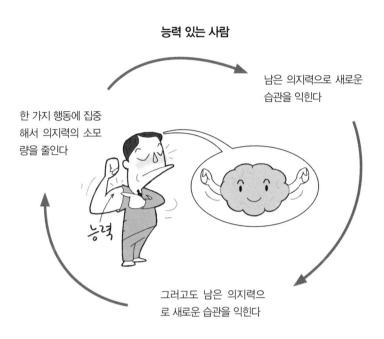

남은 의지력으로 새로운 습관을 익힌다

한 가지 행동에 집중해서 의지력의 소모량을 줄인다

능력

그러고도 남은 의지력으로 새로운 습관을 익힌다

능력 없는 사람

이것도 하고 싶고 저것도 하고 싶다

영어회화를 시작한다

스터디 모임을 갖는다

헬스클럽에 다닌다

아침형으로 바꾼다

들은 습관화함으로써 의지력을 사용하지 않고 새로운 습관과 스킬을 익히는 데 의지력을 사용한다.

반면 집중력을 조절하지 못하는 사람은 '올해는 일찍 일어나 꼭 영어회화 학원에도 다니고 운동도 시작해야지' 하는 식으로 한 번에 이것도 저것도 하려고 한다. 그러면 당연히 집중력이 분산되기 때문에 하나를 습관화하기도 전에 뇌가 지쳐서 결국 아무것도 하지 못한 채 끝나버리고 만다.

이 생각은 뒤에서 언급하는 운동이나 명상뿐 아니라 영어 공부나 운동 등 새롭게 하고 싶은 모든 것에 적용할 수 있다. 그럼 이제 의지력의 소모량을 줄이는 구조를 어떻게 만들어야 하는지 보겠다.

옷걸이 7개가 집중력을 만들어낸다

거듭 말하지만 선택하는 수가 많고 망설임이 많으면 많을수록 의지력은 소모된다. 사물을 선택할 때 사용하는 에너지는 집중할 때 사용하는 에너지와 똑같은 의지력이다. 그러니까 매일의 삶에서 선택하는 장면이 적으면 적을수록 집중력은 올라간다.

의지력에 관한 이 법칙을 안다면 삶은 자연히 단순하게 바뀌

어 갈 것이다. 요컨대 소유할 물건을 선택할 기회가 줄면 집중력
은 자동적으로 올라간다.

예컨대 애플의 창업자 스티브 잡스는 공식 석상에 항상 같은
옷차림을 하고 나왔다. 패션 디자이너 이세이 미야케Issey Miyake가
디자인한 검정색 터틀넥에, 물 빠진 리바이스 청바지 501, 발밑
은 회색 뉴밸런스 운동화.

'매일 입을 옷을 고른다'는 선택(행동)에 스트레스를 느끼는 사
람이 많다. 스티브 잡스는 그 성가신 판단을 습관으로 배제했던
셈이다(페이스북의 창업자 마크 저커버그도 늘 회색 셔츠를 입는다). 젊었
을 때부터 명상을 생활 습관에 넣었던 스티브 잡스는 경험적으
로 의지력의 원칙을 알고 있지 않았을까.

"오늘이 내 인생의 마지막 날이라면, 오늘 내가 하려던 일을 할 것인가?"
　–스티브 잡스

이런 명언을 남긴 스티브 잡스는 매일 아침 거울을 보며 자신에게 스스로 이렇게 물어보았다고 한다. 자신이 무엇을 목적으로 살아갈 것인지 자각한 셈이다.

의지력은 창의성을 발휘하기 위한 집중에 사용해야 한다. 그러기 위해서는 하루하루의 삶에서 쓸데없는 선택을 할 기회를 줄여 나갈 필요가 있다. 매일 입을 옷을 정하는 습관도 그 대책의 하나다.

스티브 잡스는 검은 터틀넥과 청바지와 스니커로 워드로브 wardrobe(그 사람이 갖고 있는 의상의 모든 것)를 좁힘으로써 원래 선택해야 하는 장면을 구조화해서 의지력의 소모를 줄였던 것이다.

스티브 잡스의 이 같은 습관은 누구나 곧바로 따라할 수 있다. 옷장에 7개의 옷걸이를 준비하고, 월요일부터 일요일까지 입을 옷을 위에서 아래까지 모조리 정해 놓는다. 옷을 갈아입을 때 옷걸이를 꺼내면 모든 선택이 한 번에 끝나는 구조이다.

직장인이라면 셔츠, 바지 재킷, 넥타이가 될 것이다. 어떻게 조합하든지 어울리는 '색깔'로 아이템을 좁히면 이상형인 스티브 잡스처럼 심플하고 개성적인 워드로브를 만들 수 있다.

나도 색상을 줄여 선택의 폭을 좁히고 있다. 청색을 중심으로 그에 어울리는 색의 옷, 소품, 가방 등을 갖춰 놓으면 어떤 것을 조합해도 어울리기 때문에 선택하는 데 고심할 필요가 없다.

목적을 향해 집중하는 사람은 사소한 일에 시간을 낭비하지 않는다. 의지력의 소모량을 줄여 인생에서 중요한 일에 집중하는 것이다.

즉시적인 판단으로 의지력의 소모를 막아라

의사결정을 줄이면 줄일수록 의지력의 소모를 막을 수 있다.

매일 해야만 하는 집안일은 의사 결정의 연속이다. 예를 들어 식사 후에는 설거지를 해야 한다. 접시를 씻기만 하면 되니까 의사결정 같은 것은 필요 없다고 생각할 수도 있다.

하지만 배가 부르면 행동하기가 귀찮아진다. 그래서 지금 할까? 나중에 할까? 자신이 할 것인가? 아니면 파트너에게 시킬 것인가? 하고 망설인다. 이것도 의사 결정의 일종이다.

나는 의사결정을 없애기 위해 싱크대로 가져가는 즉시 그 자리에서 바로 설거지를 시작하는 것을 원칙으로 한다.

어느 쪽으로 해야 할까?

두뇌는 행동으로 인해 지치는 것이 아니라 대수롭지 않은 연속적인 의사결정 때문에 피곤해진다는 것은 앞서 언급했다. 게다가 지금 귀찮다고 뒤로 미루면 지속적으로 피로가 누적된다. 이게 바로 제1장에서 말한 '결정 피로'라는 것이다. '해야 하는데'라고 계속 의식하고 있으면 일어나는 현상이다. 어차피 해야 할 일이라면 잡일일수록 즉시 판단하는 것이 중요하다.

가능하다면 잡일일수록 판단할 필요가 없는 구조를 만들도록 하자. 스티브 잡스의 워드로브나 나의 설거지 규칙처럼 할까 말까 고민할 여지를 남겨두지 않는다.

구조화란 의사 결정해야 할 과제를 즉각적으로 처리해버리는 것을 말한다.

정리하는 습관으로 집중력을 지속하라

지난달 경비를 정산해야 하는데 책상을 치우기 시작하거나, 시험공부를 해야 하는데 방 청소를 시작해 버리는 일이 있다. 이런 식으로 해야 할 일이 있을 때, 무심코 관계없는 일을 시작한다. 이것을 심리학 용어로 셀프 핸디캐핑Self-handicapping(핑계 만들기)이라고 한다. 중요한 일을 하기 전에 실패의 구실을 만들기 위해 미리 자신에게 불리한 조건을 만들어두는 것이다. 경비의 정산이 늦어진 건 정리하느라 시간이 없었기 때문이고, 공부를 열심히 하지 못한 건 방 청소를 하느라 피곤했기 때문이라고 핑계거리를 만드는 것이다.

우리는 해야 할 일 앞에 다른 작업으로 일시 도피하여 자신에게 핸디캡을 부과함으로써 무의식에 실패했을 때의 변명거리를 준비하려 한다.

이미 눈치 챘겠지만, 셀프 핸디캐핑은 집중력을 빼앗는다. 해야 할 일을 하기도 전에 여러 가지 취사선택을 해버리기 때문에 정작 시작하려고 할 때는 의지력이 남아 있지 않을 수 있다.

이런 일상에 숨어 있는 집중을 방해하는 함정을 피하려면 미리 그 싹을 잘라 놓아야 한다. 즉 방에서 불필요한 물건을 줄여

두는 것이다. 그리고 반드시 필요한 도구는 항상 준비되어 있어야 한다.

나는 일과 공부에 관계가 없는 사물은 아예 두지 않고, 책상 위에 노트를 펴 둠으로써 순조롭게 일에 임할 수 있는 환경을 만들고 있다. '정리를 하고 싶다'는 유혹이 일어나는 것을 미연에 방지하는 것이다. 하지만 나처럼 철저하게 장소를 만들기 어려울 수도 있다.

그런 의미에서 권하고 싶은 것이 '잡동사니 박스'이다. 커다란 상자를 준비해두고, 꼭 해야 하는 일과 상관없는 물건을 볼 것도 없이 던져 넣는다. 읽다가 만 책, 만화책, 휴대폰 등 책상 위나 책상 주변에 있는 물건을 모조리 아무렇게나 집어넣는다. 이런 행동이 '지금부터 ~할 거야!'라는 집중력의 스위치가 되어 준다.

쓰—윽

가능하다면 이 상자를 선반에 올려두거나 뚜껑을 덮어 내용물이 눈에 들어오지 않게 하면 보다 효과적이다.

나도 늘 책상 옆에 이런 상자를 준비해두고 집중력을 방해할 만한 물건이 흩어져 있으면 모조리 넣어 눈길이 가지 않는 창고 한쪽 선반에 넣어 둔다. 선반은 일부러 통째로 한 단을 비워 두고, 잡동사니 박스 전용으로 사용하고 있다. 이렇게만 해도 집중 상태로 들어가는 속도가 상당히 빨라진다.

잡동사니 박스가 유효한 것은 물리적, 시간적으로 친숙한 것에는 높은 가치를 느끼고 공간적, 시간적으로 먼 것의 가치는 낮게 느끼기 때문이다.

현재 당면한 것은 중요하게 생각하고 미래 일의 가치는 낮게 인식하는 이런 심리를 행동경제학에서는 가치폄하 효과hyperbolic discounting라고 부른다.

사람은 시야에 들어온 것에 유혹을 느끼기 쉬우므로 마음을 어지럽히는 물건을 보이지 않는 곳에 두면 의식 밖으로 몰아낼 수 있다.

사무실에서도 역시 시야에 들어오는 물건을 치우기 위해 책상 서랍 하나는 항상 비워둔다. 그러면 뭔가를 해야 할 때, 서류 더미나 받은 물건 등 집중에 방해되는 것을 모두 넣어둘 수 있다.

서랍을 잡동사니 박스로 사용하는 것이다.

아이디어를 발휘해야만 하는 일을 할 때는 집중을 방해하는 책이나 노트북, 휴대폰을 잡동사니 박스나 손가방, 서랍 같은 곳에 넣어 시야에서 숨기는 습관을 몸에 익힌다. 그것만으로도 집중력이 높아진다.

집중하는 데 최악인 것은 '언젠가 필요할 지도 모른다'는 생각으로 물건을 쌓아두는 습관이다. 왜 최악인가 하면, '그게 있었네', '지금은 쓸 수 있을지도 몰라'라는 식으로 행동하기까지 망설임이 생겨, 의지력이 소모되기 때문이다.

이러한 소모를 피하기 위해서는 목적과 관련 없는 것은 가능한 한 소유하지 않는 것이 좋다. 주위가 정돈되면 아무것도 없는 것이 스위치가 되어 방에 들어가자마자 목적을 향해 집중하게 된다.

물건을 소유하지 않는다

나는 요즘 '대여 상품'에 빠져 있다. 컴퓨터나 휴대폰도 대여해 쓰기로 정해두고 있어서 케이스나 신형 제품을 구입할 때 비교 검토하는 등 물건을 선택하는 데 쓸데없이 허비하는 시간을 줄일 수 있다. 고장이 났을 때는 AS도 해주기 때문에 편리한 점도 있다.

그 밖에 내가 집중하기 위해 실행하는 습관으로는 책 이외의 서류나 자료를 모두 스캔한 후 버리는 일이다. 최근 스캐너에는 문자를 읽어내는 OCR 기능과, 그것을 검색하는 기능이 있어 오히려 종이보다 편리하다.

'에버노트' 앱은 서류 안에 있는 단어를 모두 검색해주기 때문에 매우 도움이 된다. 책이나 노트의 경우는 '이쯤에 써 있었지'라며 사람은 내용을 공간적으로 기억하기 때문에 그대로 보관해두는 게 좋다.

하지만 서류는 애초에 그런 '위치'도 아무것도 없기 때문에 곧바로 스캔해 검색할 수 있게 만들어 두는 것이 효과적이다. 종이를 줄여 페이퍼리스paperless로 만들어 두면 정리할 필요가 없기 때문에 집중하기에 아주 좋다.

집중한다는 것은 무엇인가 하나에 초점을 맞추는 일이다. 집중하려 하기보다는 다른 일을 하지 않는 것이 집중력을 높이는 가장 좋은 방법이다.

이렇게 명확한 목적을 가지면 가질수록 집중력은 그 목적을 달성하는 데 쓰이게 되며, 불필요한 상황에서 의지력을 소모하지 않게 된다. 중요한 것은 가까이에 있거나 눈에 들어오는 장소에 있다는 것만으로 그것이 집중력을 빼앗는 올가미가 된다는 것을 아는 일이다. 무엇이 당신의 집중력을 빼앗아 가는지 알면 그것을 피하는 방법을 선택할 수 있다.

정리

하찮은 일로 망설이지 않기 위해서는
즉각 판단하는 구조를 만들어 보라.
즉각적으로 판단하는 습관이 의지력을 축적해 줄 것이다.

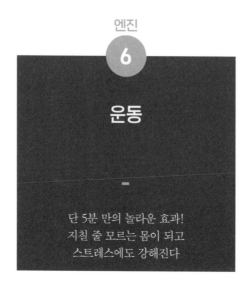

엔진

6

운동

-

단 5분 만의 놀라운 효과!
지칠 줄 모르는 몸이 되고
스트레스에도 강해진다

▼

집중력을 높이는 방법 중 내가 요즘 가장 흥미가 있어 적극적으로 실천하는 것이 운동이다.

조지아 대학에서 진행한 운동과 뇌 연구에 따르면 20분 동안 가벼운 운동을 한 뒤 3~4시간 동안에는 인지능력과 집중력, 고찰력이 높아지는 것으로 나타났다. 운동을 하면 뇌의 혈류가 개선되고 의욕, 학습 등에 관여하는 도파민을 방출하여 집중력을 지속시킬 뿐만 아니라 의지력 회복에도 도움이 된다는 것이다. 스트레칭이나 체조 같은 가벼운 운동은 물론, 걸으면서 하거나 서서 하는 일도 집중력을 높인다.

학창시절에 물리와 수학 문제를 풀면서 발을 동동 구르기도 하고, 펜을 들고 있지 않은 손을 빙빙 돌리는 친구가 있었다. 처음에는 깜짝 놀랐지만, 그 친구는 그렇게 해야 문제가 잘 풀린다고 했다. 사실 그 친구는 매우 우수한 학생이었다.

엔진2 '자세'에서 언급했듯이 일이나 공부는 책상에 앉아서 해야 한다는 것은 단순한 생각일 뿐이다. 나도 집에서 책을 읽을 때는 돌아다니며 소리를 내어 읽는다. 무언가에 집중하거나 외울 때 몸을 움직이며 소리를 내는 것은 매우 효과적이기 때문이다.

운동하는 습관에는 뇌 자체를 강화하고 쉽게 피로해지지 않게 하는 기능이 있다. 예를 들어 UCLA 연구팀은 "운동 습관이 뇌의 성장인자를 늘리고, 나이가 들수록 감소하는 뉴런의 증가를 가져오며, 뇌의 기능 자체와 뇌 용적을 유지·개선하는 효과가 있다"고 발표했다.

만약 내가 자유롭게 사무실을 설계할 수 있다면 회의실 등과 함께 트레이닝 룸도 같이 만들어 출근 후 20분이나 점심시간 20분을 활용하여 달리기와 근육훈련을 해보자고 제안하고 싶을 정도다.

땀을 흘리고 나면 기분이 좋아지는 것은 기분 탓만이 아니다. 운동에는 사람의 감정을 긍정적으로 만드는 작용도 있다. 만성적인 스트레스의 영향을 장기적으로 완화해 주고, 혈당수치가

유지되어 정신적으로도 안정된다.

실수를 하고서는 '아, 난 이제 안 돼'하며 우울해 할 때, 왠지 의욕이 생기지 않을 때, 좀 피곤하다고 느낄 때, 일단 말없이 20분 정도 몸을 움직여 보라. 가벼운 운동은 문제를 해결로 이끄는 엔진이 된다. 하지만 사무실에서 그렇게 하면 주위에 폐를 끼칠 수도 있으므로 틈나는 시간에 간단히 할 수 있는 운동 몇 가지를 알아두면 도움이 될 것이다.

말하자면 운동은 뇌를 리셋하는 스위치이다. 공부, 가벼운 운동, 공부라는 리듬을 만들면 끊어진 집중력을 다시 회복시킬 수 있다. 이렇듯 운동을 하면 의지력의 원천이자 뇌의 사령탑인 전두전야를 활성화시켜 뇌의 전반적인 실행기능이 향상된다.

잠자는 야성을 운동으로 되찾아라

예로부터 인간은 운동할 때 더욱 머리를 썼다. 우리의 유전자에 수렵 채집 시대의 행동이 확실히 내재되어 있기 때문이다. 원래 인간은 자신보다 큰 사냥감이라도 지략을 발휘해 동료들과 함께 효율적으로 사냥했다. 인간은 사냥을 하기 위해서 뿐만 아니라 살아남기 위해서도 머리를 굴렸다. 이러한 인간의 본능을 사용하지 않는 것은 뇌와 몸의 균형을 무너뜨리는 원인이 된다.

현대에는 사냥을 대신할 수 있는 것이 운동이다. 몸을 움직이는 것이다. 운동이 뇌의 기능을 촉진하고 집중력의 지속을 도와준다. 공부나 일을 하면서 동시에 몸을 움직이는 것도 집중을 높이는 의미에서 효과적이다.

수렵 채집 시대의 인간에게는 가만히 같은 자리에 머물러 있는 것은 휴식 상태이므로 움직이지 않고 책상에 붙어 있으면 졸음이 오는 것도 당연하다. 즉 집중력을 높이고 지속시키고 싶다면 적당한 운동을 습관화하는 것이 중요하다.

예전에는 지방에 출장을 가게 되면 몸이 힘드니까 오늘은 헬스장에 가지 말까 망설이기도 했으나 지금은 반대다. 오히려 이동시간이 길 때, 피곤한 일이 있을 때일수록 아침에 헬스장에 간다. 일이 빨리 끝나게 되고, 머리와 마음도 개운한 기분이 들기 때문이다.

단 5분으로 집중력과 건강을 챙길 수 있는 운동

그렇긴 해도 도시의 오피스에서 일하는 사람에게는 업무시간 내에 사내에서 스트레칭이나 체조 같은 가벼운 운동을 하기가 힘들지도 모른다. 그래서 20분 운동한 것과 같은 효능을 기대할 수 있는 운동을 소개한다. 바로 푸르른 자연 속을 5분 정도 산책하는 '가벼운 삼림욕'이다.

영국 에식스 대학 연구팀의 조사에 따르면 공원 등 야외에서 5분 동안 몸을 움직이는 것만으로도 심신이 생기를 되찾을 수 있는 것으로 나타났다.

이 연구에서는 운동하는 것과 자연 속에서 시간을 보낼 때의 상승효과를 조사하기 위해 실험 참가자에게 벽에 비친 시골 풍경을 보면서 러닝머신 위에서 걷게 했다. 시골 풍경을 보면서 걸은 사람은 그냥 러닝머신 위에서 걸은 사람보다 혈압과 마음 상태가 안정된다고 하는 결과가 나왔다. 그래서 실제로 자연 속을 걸어 검증한 결과, 더 높은 효능이 확인되었다.

이 연구에서는 산책을 오래해도 효과가 비슷하게 나왔다. 오히려 운동을 시작한 지 5분 만에 얻는 자극으로 뇌의 피로가 풀리는 것으로 나타났다. 즉 땀을 흘리며 지칠 때까지 할 필요가 없다는 것이다. 가벼운 운동 쪽이 격렬한 운동보다 효과가 높고 즉효성이 있기 때문이다.

여기서 가벼운 운동이란 공원이나 가로수가 있는 보도, 나무를 심어 정원을 만든 빌딩의 옥상광장 등 사무실 주변의 작은 자연

속을 산책하기 등을 말한다. 여기에 '물'까지 있다면 효과가 더욱 높아진다. 사무실 근처에 분수나 강 등이 있으면 산책 코스에 포함시키면 좋을 듯하다. 거기다 가능하면 햇빛을 오전 중에 받으면 세로토닌 분비를 활성화할 수 있어 좋다.

앞에서도 언급했듯이 세로토닌은 '행복 호르몬'이라고도 불릴 정도로 집중력을 높여 줄 뿐만 아니라 사고를 긍정적으로 바꿔 주고 스트레스를 경감시켜 준다. 그러니까 이 가벼운 운동은 '요즘 짜증이 난다'고 느끼는 사람에게도 추천한다.

참고로 아침에 바나나와 계란, 닭고기, 톳 등 세로토닌을 생성하는 식재료를 섭취하면 보다 효과적이다.

가볍게 시작할 수 있는 3가지 운동

마지막으로 단시간에 효과를 얻을 수 있는 운동을 '해보자' 코너에서 소개한다. 단 몇 분의 가벼운 운동이 오전 중에 일을 하면서 소모된 의지력을 회복시키고, 오후 업무를 진행할 집중력을 지속하는데 도움이 된다.

운동은 뇌의 리셋 버튼!
뇌가 단련되어 피곤을 잘 모르는 체질로 바뀐다.

해보자

[7분 코스] 고강도 인터벌 트레이닝(HIIT)

고강도 인터벌 트레이닝(High-Intensity Interval Training)은 강도 높은 운동을 하다가 조금 쉬고 다시 강도가 높은 운동을 하다 쉬기를 반복하며 속도와 강도를 달리하는 운동법이다. 이 고강도 인터벌 트레이닝은 단시간에 높은 운동효과를 얻을 수 있어 프로선수들도 도입하는 경우가 많다. 단 7분간의 고강도 인터벌 트레이닝으로 1시간 정도의 운동 효과를 얻을 수 있다. 현재는 휴대폰용으로 고강도 인터벌 트레이닝 메뉴를 소개하는 앱도 있는데, 나도 사용하고 있다. 명상이나 고강도 인터벌 트레이닝 관련 최신 과학 정보를 매우 알기 쉽게 소개한 블로그도 있다.

[10분 코스] 계단 오르내리기

집중력 엔진을 움직이는 운동으로는 회사 빌딩의 계단을 10분에서 20분 오르내리기도 추천할 만하다. 한 층을 올라가는데 20초 걸린다고 보고 15층을 오르내리는 것이다. 예를 들어 점심시간 후 엘리베이터나 에스컬레이터를 이용하지 않고 계단을 이용하는 것만으로도 이후 집중력 발휘와 지속에 효과가 있다.

나도 종종 계단을 이용한다. 다리 근육에는 피로가 좀 남지만 머리는 맑다. 게다가 일을 시작한 후에 몸의 피로가 신경 쓰이지 않고 원활하게 집중할 수 있다.

[30분 코스] 한 정거장 거리를 빠른 걸음으로 걷기

통근이나 통학 시에 한두 정거장을 빨리 걷기만 해도 집중력 스위치가
들어온다. 출근하는 길이라면 한 정거장 전에 내려서 직장까지 걷는다.
30분 이하의 간단한 운동을 햇빛을 받으며 하면 앞서 말한 세로토닌이
뇌 안에서 분비된다. 반대로 밤에 한 정거장 전에 내려서 집까지 걷는 것
도 뇌가 재충전된다. 퇴근 후 집에 가서 좀 더 힘을 내야 할 때, 자격시
험 공부 등을 앞두고 있을 때, 미리 몸을 움직이면 마음을 돌리는 스위치
가 돼 다시 집중할 수 있는 상태를 만들어 준다.

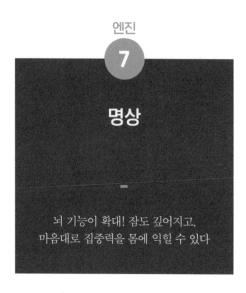

명상

뇌 기능이 확대! 잠도 깊어지고,
마음대로 집중력을 몸에 익힐 수 있다

▼

조금 전문적인 이야기지만, 의지력의 근원인 뇌의 전전두엽 피질을 형성하는 것은 회백질이라 불리는 영역이다. 이 회백질을 활성화하는 가장 빠른 방법으로 최근 주목받는 것이 명상이다.

명상이라고 하면, 정신 수양이나 종교적인 이미지가 있을지도 모른다. 하지만 그 효능은 뇌과학 분야에서 확실히 인정받았다. 뇌가 명상에 익숙해지면 집중력과 주의력이 향상되는 것으로 알려져 있다. 심리학 분야에서도 스트레스 관리, 충동 억제, 자기인

명상으로 얻을 수 있는 것

1	**2**	**3**
릴랙제이션 (불면, 초조, 긴장 등을 해소하는 휴식) 효과	집중력 향상	긴장과 불안에 강해진다. (작업 기억이 단련된다)
4	**5**	**6**
감정 조절 능력이 강해진다. (편도체가 변화한다)	체지방이 떨어진다.	수면의 질이 향상된다.

식력에 좋은 영향을 미치는 것으로 확인되었다.

게다가 하루 3분 정도의 명상으로 의지력을 단련할 수 있다. 부작용 없이 좋은 점만 있는 명상을 이제 안 할 이유가 없다. 물론 하루에 몇 번을 해도 상관없다. 처음에는 '1회 3분'부터 시작해 익숙해지면 5분, 10분, 15분으로 조금씩 늘려 가는 것이 좋다. 하루 30분이 이상적이지만, 집중력 향상만을 노린다면 20분 명상을 주 4회 실시하는 것만으로 효과가 있다. 그리고 명상을 습관화하면 더 큰 성과를 거둘 수 있다.

한 연구에서는 명상 연습이 누계 3시간에 달하면 주의력과 자제심이 향상된다는 결과가 나왔다. 또한 누계 11시간 행한 후에는 집중력을 만드는 신경 네트워크의 연락이 증가한다. 1주일에 누계 3시간 페이스를 2개월 이상 지속시키면 의지력의 원천인 전전두엽 피질을 형성하는 회백질의 질이 향상되었다는 보고도 있다. 그로 인해 자기 인식력이 길러진다. 이것은 집중력이 근육과 마찬가지로 훈련을 통해 단련되는 증거라고 할 수 있다.

실제로 나도 일상생활 속에 명상을 넣어 집중력을 단련하고 스트레스를 조절하는 데 활용하고 있다. 처음에는 3분 정도부터 시작해서 아침, 저녁 5분씩 3주 정도 계속하다 보면 자신이 달라진 것을 느낄 수 있다. 여기저기로 흩어져 버리기 십상인 마음을 억제하고 침착성을 부여해 준다. 명상은 계속하는 것이 중요하다. 무리가 없는 범위에서 생활 속에 도입해 보기를 권한다.

하는 방식은 간단하다. 단지 호흡에 주목하라

명상에는 특별한 도구나 무대가 필요 없다. 내가 하는 명상은 매우 간단해서 단지 두 단계로 이루어져 있다.

1. 몸을 움직이지 않고 가만히 앉는다

집중력을 만드는 엔진에서 소개한 자세를 떠올려 보라. 허리를 편 상태에서 의자 또는 바닥에 앉는다. 조용히 눈을 감고 두 손은 무릎 위에 올려놓는다.

2. 천천히 호흡한다

코로 천천히 숨을 들이마시고 입으로 천천히 내쉰다. 7초에 걸쳐서 들이마시고, 7초에 걸쳐서 내쉬는 페이스가 하나의 기준이다. 힘들면 숨을 들이마시고 내쉬는 시간을 줄여도 괜찮다.

허리를 편 채 앉아 천천히 호흡한다. 이제 이 상태를 3분에서 5분 계속 지속하기만 하면 된다. 그런데 그리 간단히 무아지경의

눈을 감는다.

허리를 곧게 편다.

두 손은 무릎 위에 올려놓는다.

7초에 걸쳐서 들이마신다.

7초에 걸쳐서 내쉰다.

경지에 이르기는 어렵다. 처음에는 그냥 호흡에 의식을 집중하면 된다. 익숙해지기 전에는 '들이마시고, 내쉬고'라고 속으로 중얼거리면서 해도 좋다.

숨을 들이마셨을 때 부풀어 오르는 배, 내뱉었을 때 입술에 느껴지는 호흡의 흐름 등에 의식을 두다 보면, 서서히 아무 생각 없는 어렴풋한 집중 상태가 찾아올 것이다. 만약에 중간에 뭔가 다른 생각을 하기 시작하면 다시 '들이마시고, 내쉬고'를 중얼거리며 호흡에 의식을 집중한다. 잠이 들어 버릴 것 같은 사람은 눈을 뜬 채 어딘가 한곳에 집중한다. 펜 끝에 집중해도 상관없다. 참고로 집중력을 높이고 싶다면 입으로 호흡하는 것보다 코로 호흡하는 것이 좋다.

치과의사인 사노 마사히로·사노 사야카, 뇌 과학자 가토 도시노리('뇌 학교' 대표)가 진행한 연구결과에 따르면 '입으로 하는 호흡은 코로 하는 호흡보다 전두엽에 보다 많은 산소가 필요하다'고 한다. 이는 입으로만 숨을 쉬면 전두엽이 활동을 쉴 수 없어 만성적인 피로상태에 빠질 가능성이 있음을 보여준다.

이 연구에서는 또 전두엽의 만성적인 피로가 주의력 저하로 이어져, 학습능력과 업무효율 저하를 야기할 수 있다는 것도 시사한다. 평소 쉬 피곤함을 느끼는 사람은 호흡을 고치면 개선될지도 모른다.

나는 '명상을 하고 나서 느끼는 자신의 변화'를 의식하면서 명상을 계속하면 효과가 보다 높아지는 것 같다. 딴 데로 샌 주의력을 호흡으로 되돌릴 때마다 의지력이 단련되므로 '자신은 산만해지기 쉬운 유형'이라고 생각하는 사람일수록 집중력이 몸에 붙는다.

정리

명상을 습관화하면 하루 동안 선순환이 생긴다.
뇌가 회복되고 긍정적인 감정이 지속된다.

제3장

효과적인
피로 회복법
3가지

늘 피로를
느낀다면
여기부터
읽어 나가라

지금 피로를 느끼는가?

아침부터 나른하고 몸이 무겁게 느껴지는 사람도 적지 않을 것이다. 일본 후생노동성이 실시한 '피로'에 관한 조사에서는 일하는 사람의 70%가 '만성적인 피로'를 느낀다는 결과가 나왔다. 그러니까 여기서 내가 "뇌는 피로를 모른다"라고 하면 당신은 지나친 과장이라고 생각할지도 모른다. 하지만 이것이 진실이다.

피로의 종류에는 몸의 피로(육체적), 마음의 피로(정신적), 신경의 피로(신경적) 등 3가지가 있는데, 피로감은 다 마찬가지다.

하지만 이 3가지 피로 때문에 의지력이 소모되는 것은 아니다. 집중력이 떨어지는 것도 아니다. 그런데 뇌는 작업 후나 운동 후의 피로감을 '뇌의 피로'라고 생각해 어떤 일에 집중하는 것에 대해서 제동을 건다. 그래서 피로에 대한 대책으로써 중요한 포인트는 다음의 두 가지다.

첫 번째는 '뇌는 피로를 모른다'는 원칙을 아는 것이다.

두 번째는 피로감의 원인이 되는 '3가지 피로'를 경감하고, 뇌 피로

의 유일한 요인인 의지력을 제대로 회복시켜야 한다는 것이다.

이 장에서는 3가지 피로 경감과 의지력 회복에 초점을 맞춰 집중력

을 높이는 데 도움이 되는 3가지 회복법을 소개한다.

피로를 풀어주는 세 가지 방법

수면   감각부터 되찾는다   불안 요소를 적는다

치료

1

수면

–

피로를 회복시켜
몸과 뇌를 보강해준다

집중력을 최대한 활용하는 데 필수적인 것이 '수면'이다. 수면 부족은 뇌과학적으로 말하면 '경도 전두엽의 전야기능 장애'로 분류된다. 간단히 말해 뇌가 취해 있는 상태이다.

더구나 6시간 미만의 만성적인 수면 부족 현상을 겪는 사람은 평소보다 외부의 스트레스나 자극에 과잉 반응하기 쉽다. 그러면 미미한 소리가 들려도 의식이 그쪽으로 향하기 때문에 집중이 지속되기 어렵다. 무엇보다 주의력이 향하는 곳이 자꾸 바뀌기 때문에 의지력이 소모되기 쉽다. 수면 부족은 집중력을 빼앗는 요인이 되는 것이다.

그런 의미에서 집중력에 가장 나쁜 영향을 미치는 행위가 바로 '밤을 새는 일'이다.

빙빙 돈다 돌아~

"어제 밤을 꼬박 새웠어……."

"잠도 안 자고 내리 20시간이나 일했어."

벼락치기 시험공부나 마감을 앞두고 밤을 새는 것은 집중력을 떨어뜨리기 때문에 질 높은 아웃풋으로 이어지기가 어렵다.

오기와 근성으로 밤을 새워가며 벼락치기로 공부했다 하더라도 그 노력은 안타깝게도 뇌의 메커니즘에 어긋난다. 뇌는 잊어버리게 되어 있기 때문이다.

독일의 심리학자 헤르만 에빙하우스가 실험을 통해 밝혀낸 '에빙하우스의 망각곡선' 이론에 따르면 사람은 기억한 것의 40% 이상을 20분 후 잊어버리고, 하루만 지나면 그 70% 이상을 잊어버린다. 밤을 새워 시험공부를 해도 외운 것의 대부분은 바로 뇌에서 흘러 나가게 되어 있다. 게다가 수면 부족으로 집중력이 떨어진다. 잠자는 시간까지 줄여가며 노력하는 근성을 보일 수는 있어도 성과를 높이지는 못한다는 것을 알아야 한다.

능력 있는 사람일수록 잘 잔다

중요한 것은 얼마나 질 높은 수면을 취했는가 하는 것이다. 적절한 수면 시간을 확보하는 것은 집중력을 회복시키는 데도, 일과 공부에 성과를 내기 위해서도 필수다. 인간의 뇌는 잠을 잘 때 회복되고 배운 것을 기억에 새기기 때문이다.

제2장의 원칙3 '식사'에서 '뇌는 수면 중에도 쉬지 않고 계속 일한다'고 했다. 뇌는 의지력의 연료가 되는 포도당을 시간당 약 5g씩 소모시킨다. 더구나 잠을 자는 동안에도 변함없이 소모시킨다.

그럼 잠자는 동안 뇌는 에너지를 소모시키면서 무엇을 하는 걸까? 크게 나누면 2가지 일을 동시에 진행한다.

하나는 피로 회복과 손상된 신경세포의 보강이다. 지금까지 소개한 '법칙'이나 '엔진'을 낮에 실천하면 근육 트레이닝과 같은 구조가 작용하면서 회복, 보강을 하는 동안 조금씩이긴 하지만 의지력이 단련되어 간다.

다른 한 가지는 기억해야 할 것을 머릿속에 새기는 일을 한다. 일어나서 활동하는 동안 뇌에는 오감을 통해 온갖 정보가 모인다. 그중에서 뇌는 기억으로 남겨야 할 중요한 정보와 불필요한 정보를 취사선택한다. 외부에서 들어오는 새로운 정보 유입이 현저하게 떨어지는 수면 중에도 뇌는 기억해야 할 것을 머릿속에 새기는 것이다.

아무리 바빠도 수면 시간을 확보해야 하는 이유가 여기에 있다. 실제로 도쿄 대학에 합격한 수험생은 평균 7시간 내외의 수면 시간을 취하는 것으로 나타났다. 열심히 공부하는 사람은 잠자는 시간을 아껴서 공부하는 이미지가 있다. 하지만 밤을 새워 공부하기보다는 규칙적인 생활을 하는 사람이 대부분이다.

"수업을 한 번 들으면 기억할 수 있다", "하루 2~3시간의 예습 복습으로 충분하다"고 말하는 뛰어난 학생들이 있다. 동아리 활동을 열심히 하면서 단번에 명문대에 합격하는 학생들도 있다. 그들에게 공통된 것도 수면 시간을 충분히 확보한다는 점이다(수업 시간에 잠을 자는 학생도 있긴 하지만).

충분히 자니까 잘 외울 수 있다. 잘 자니까 공부에 필요한 의지력을 회복시킬 수 있다. 3가지 회복법을 소개하는 이 장에서 절대로 빼놓을 수 없는 것이 '수면'이다. 필요 충분한 질 좋은 수면이야말로 당신의 의지력을 만들어 낸다는 것을 기억해야 한다.

덧붙여서 자기 직전에 외운 것은 불필요한 정보가 들어가지 않기 때문에 기억에 잘 남는 것으로 알려져 있다. 자기 전에 휴대폰을 만지면 불필요한 정보가 뇌에 들어오므로 침실에 들어가면 바로 자는 것이 좋다.

집중력을 최대한 활용할 수 있는 '시간 사용법'은 제4장에서 자세히 다룬다.

수면은 대체 몇 시간 취하는 것이 좋을까

의지력의 회복에 필요한 수면 시간은 사람마다 차이가 있다. 그 사람에게 필요한 수면 시간은 유전자에 의해 결정되기 때문이다.

캘리포니아 대학 연구에서는 그 유형을 크게 3가지로 나눈다.

수면을 3~4시간밖에 취하지 않는데도 건강하고 활동적인 사람이 있다. 주변에도 이런 사람이 한두 명 있을지도 모른다. 이런 유형을 '숏 슬리퍼'로 분류한다. 전체적으로 보면 소수지만 숏 슬리퍼는 놀랄 만큼 짧은 수면 시간에 피로를 회복할 수 있다. 역사적인 인물로는 나폴레옹 보나파르트와 토마스 에디슨이 대표적이다. 이 두 사람은 밤에 짧은 수면 시간을 취하는 대신 낮잠을 자는 습관이 있었다.

10시간 정도를 자야 하는 '롱 슬리퍼'도 숏 슬리퍼와 마찬가지로 소수이다. 이들은 게으르다고 오해 받기 쉽지만, 남들보다 장시간 수면을 취하지 않으면 피로가 회복되지 않는 체질이다. 대표적인 인물로는 물리학자 알베르트 아인슈타인이 있다. 아인슈타인은 침실을 잠가 누구에게도 간섭 받지 않은 상태에서 하루 10시간 수면을 취했다고 한다.

이런 숏 슬리퍼와 롱 슬리퍼는 모두 합쳐도 전체 인구의 20%도 안 된다. 나머지 80% 이상의 사람은 7~8시간 수면을 취해야 비로소 피로가 회복되는 '미들 슬리퍼'이다. 만약 당신이 다수파인 미들 슬리퍼라면 수면 시간이 7시간을 채우지 못한 날에는 술에 취한 것 마냥 판단력이 떨어진다는 것을 알 수 있을 것이다. 인생을 잘못 선택하지 않기 위해서도 수면 시간은 충분히 확보해야 한다.

이 미들 슬리퍼는 '밸류어블 슬리퍼'라고도 한다. 왜 미들 슬리퍼만 다른 호칭이 붙었을까?

훈련에 따라 필요 충분한 수면 시간을 바꿀 수 있기 때문이다. 밸류어블 슬리퍼인 대부분의 사람은 훈련에 따라 필요 충분한 수면 시간을 6시간 정도까지 압축할 수 있다. 다만 숏 슬리퍼로 분류되는 수준까지 떨어뜨릴 수는 없다.

바쁜 직장인이 숏 슬리퍼가 되고 싶다며 단시간 수면을 계속하는 경우가 있으나 거기엔 반드시 무리가 따른다. 이를테면 아침 통근 전철에서 자신도 모르게 입을 벌리고 잠들어 버린다면 그것은 수면 시간이 부족하다는 신호다. 물론 전철 안에서 느끼는 주기적인 진동과 소리는 졸음을 자아내는 리듬이라서 잠이 오는 것은 자연스러운 일이다. 하지만 내릴 곳을 지나칠 정도로 깊은 잠에 빠진다면 수면 시간에 대해 한번 생각해보는 게 좋다.

짧고 길고를 떠나서 자신이 어떤 유형인지를 파악하고 적절한 수면 시간을 확보하는 것이 중요하다고 할 수 있다.

몇 시간 잤는가보다 몇 시에 잤는가가 중요하다

잠자는 방법의 기본은 역시 아침형 생활 스타일이다.

도시에서 사는 사람 중에는 밤늦게까지 자지 않고 심야 2시 3시까지 활동하는 저녁형 생활 스타일이 정착된 사람도 드물지 않다. 하지만 그것은 인간 본래의 리듬을 무시한 삶이다.

사람은 원래 야행성 동물이 아니다. 아침에 일어나서 해가 떠 있는 동안 활동하고, 어두워지면 안전한 장소로 이동하여 잠자리에 든다. 먼 옛날부터 되풀이되어 온 이러한 리듬은 현대를 사는 우리 몸에도 확실히 새겨져 있다.

그러니까 질 높은 수면을 취하려면 우선 아침 일찍 일어나서 행동을 개시하는 습관을 들여야 한다(일찍 일어나는 방법은 이른 시간에 자는 것이다). 그러면 밤 9시, 10시에는 자연스럽게 졸리게 된다. 사실 이 졸린 시각도 매우 중요하다. 집중력 회복은 숏 슬리퍼든 롱 슬리퍼든 밸류어블 슬리퍼든 공통적으로 몇 시에 잤는

복구 시작

넵

지와 관계가 있기 때문이다.

수면의 질은 밤 10시부터 2시 사이에 깊은 잠을 자는가 여부로 결정된다. 이 시간은 성장 호르몬이 활발히 분비되는 황금시간대이다. 성장 호르몬이라 하면 성장기 특유의 것이라고 생각할지도 모르나 손상된 세포를 복원하고 피로를 회복시키는 효과가 있어 어른에게도 꼭 필요한 호르몬이다.

예컨대 자외선으로 인한 기미나 주름 같은 피부세포 손상을 복구하는 것도 성장호르몬이다. 일찍 자는 게 미용에 좋다고 하는 것은 성장 호르몬이 분비되는 황금시간대를 잘 활용할 수 있기 때문이다.

황금시간대는 뇌의 피로를 회복시킬 뿐 아니라 신경세포를 회

복하는 데도 효과가 있어 집중력의 원천인 의지력을 회복시켜
준다.

숙면을 부르는 습관, 방해하는 습관

잠을 잘 못 자서 고민하는 사람이 적지 않다. 질 높은 수면을
취하고 싶어도 좀처럼 잠이 잘 안 오거나 깊이 잠들지 않아 고민
한다. 이는 올빼미형 생활 리듬이 계속되는 사이에 생체시계에
격차가 생겨버린 탓이다.

그 격차를 조정하기 위해서는 체내에 '세로토닌'을 모아야 한
다. 앞서 말한 대로 세로토닌은 스트레스를 조절해 불안을 없애
주는 등 집중력에도 깊이 관여하는 신경전달 물질이다. 그런 세
로토닌을 만들려면 일어나서 오전 10시까지 햇빛을 20~30분
정도 쫴야 한다.

그리고 산책 같은 가벼운 운동을 하고 고기나 생선, 두유나 낫
토처럼 콩으로 만든 식품이나 유제품에 함유되어 있는 트립토판
을 섭취하는 것이 좋다.

특히 효과적인 것이 아침에 먹는 생선이다. 정어리, 고등어 같
은 등푸른 생선에 함유되어 있는 DHA나 EPA 같은 양질의 지방

에는 생체시계를 재설정하는 효과가 있기 때문이다. 아침에 일어나서 20~30분 정도 산책을 하고, 생선 구이에 된장국을 먹으면 생체시계는 물론 생활 리듬도 제자리를 찾을 것이다.

반면 숙면을 방해하는 '나쁜 습관'도 있다. 자기 전에 휴대폰이나 TV, 컴퓨터 화면을 보는 습관이 그것이다. 액정 화면에서 나오는 블루라이트(청색광)는 인간의 활동성을 높이기 때문에 뇌가 낮이라고 착각한다.

잠자기 2시간 전부터는 휴대폰이나 텔레비전, 컴퓨터 화면을 되도록이면 보지 않는 것이 좋다.

세로토닌을 늘리는 습관

1 등푸른 생선, 바나나, 달걀, 닭고기, 녹미채 같은 식품을 섭취한다.

2 오전 중에 햇살을 받는다.

3 리듬 운동(계단 오르기나 스쿼트 등).

4 웃거나 우는 등의 풍부한 감정 표현.

5 소리 내서 읽기.

반면 잠자기 1시간 전에 목욕하는 것은 잠이 쉽게 드는 데 효과적이다. 목욕하면 몸이 따뜻해지고 일시적으로 체온이 상승한다. 그 후 서서히 체온이 떨어지면서 졸리는 습성이 작용한다. 이 체온이 내려가는 타이밍에 맞춰 이불 속에 들어가면 저절로 졸음이 온다.

그러니까 잠자기 2~3시간 전에 식사를 하고, 목욕을 한 후 1시간 휴식을 취한다. 그 동안에 블루라이트는 받지 않도록 한다. 이렇게 하면 수면의 질이 올라간다.

참고로 제2장에서 설명한 '명상'도 수면의 질을 높이는 작용을 한다.

소리가 아닌 '빛'으로 일어나라

생활 리듬 개선과 병행하여 침실 환경을 정돈하는 것도 수면의 질을 높이고 집중력을 회복시키는 데 도움이 된다. 중요한 것은 빛과 소리다.

나는 시골 출신이라 늘 느끼는 것이지만, 도시의 밤은 너무 밝다. 전등을 꺼도 밖의 불빛 때문에 방 안이 깜깜해지지 않는다. 그래서 창문에는 차광 커튼을 하는 것이 좋다. 질 높은 수면을 취

햇빛 때문에 일어난다.　　　　　자명종 소리에 일어난다.

하기 위해서는 잠든 사이에 빛의 자극을 받지 않는 어둠이 필요
하다.

　한편, 아침에 시끄러운 소리를 듣고 일어나는 것은 뇌에 좋지
않기 때문에 일어날 때는 자명종 시계를 쓰지 않는 것이 좋다. 동
물은 희미한 소리라도 벌떡 일어나 눈을 뜬다. 이는 '소리=적이
습격했다'고 판단하도록 본능에 각인되어 있기 때문이다.

　이것은 우리의 유전자에도 내재되어 있어 소리 때문에 눈을
뜰 때는 도망가는 데 필요한 최저 기능만 깨게 된다. 그 결과 일
어난 후에도 잠시 멍한 느낌이 든다. 가능하면 빛을 느껴 깨어나
는 것이 좋다. 하지만 어둠도 필요하다.

　이 도시형 생활에 으레 따라다니는 모순을 극복하는 데 도움
이 되는 것이 최신 디바이스이다. 예컨대 스마트폰이나 태블릿

애플리케이션으로 시간을 맞추고, 빛의 밝기와 종류를 조절할 수 있는 '필립스 휴hue'라는 LED 조명이 있다. 이 조명의 타이머 기능을 사용하면 아침이 되었을 때 자연광에 가까운 불이 켜지기 때문에 가장 편안한 상태에서 자연스럽게 일어날 수 있다.

'Sleep Cycle alarm clock'이라는 수면패턴 알람시계 앱을 사용하는 방법도 있다. Sleep Cycle alarm clock은 수면 패턴을 분석해 가장 얕은 수면 상태에 있을 때 일어나게 해주니까 개운한 아침을 맞을 수 있다.

숙면을 유도하는 스마트 센서 '센스Sense'는 수면 중 움직임을 분석하고 온도, 습도, 조도, 공기, 소리 등 숙면을 방해하는 모든 요소를 측정해 최적의 수면 환경을 만드는 데 도움을 준다.

눈을 뜬 후에는 침실의 커튼을 활짝 열어 아침 햇살을 듬뿍 받는 것이 좋다. 세로토닌이 분비되고 생체시계가 리셋되어, 휴식을 취하는 밤에서 활동하는 아침으로 뇌와 몸을 바꿔 준다. 물론 차광 커튼 없이도 밤에는 방이 캄캄해지고 아침에는 햇빛이 비치는 환경이 수면의 질을 높이는 데 이상적이다.

아침에 상쾌하게 일어나야 아침형 생활 리듬의 토대가 만들어지고, 결과적으로 의지력을 확실히 충전해 새로운 하루를 맞을 수 있다.

서서히 잠들고 서서히 눈을 떠라

참고로 나의 기상과 취침을 소개하자면 실제로 휴hue를 사용해 잠을 깨는 생활을 하고 있다. 빛을 느끼고 눈을 뜨는 것이다. 일어난 후에는 건물 공용 부분에 있는 정원을 걸으면서 책을 읽거나 근육운동을 하면서 아침 햇살을 받는다.

한편, 잠자기 전의 빛에도 신경 쓰고 있다. 우선 목욕 후에 블루라이트를 안 받으려고 애쓰는 것은 물론 방의 불빛도 서서히 떨어뜨린다. 이때도 필립스 휴의 조광 기능이 한몫을 한다. 시간에 맞추어 서서히 빛의 명도와 채도를 떨어뜨려 주기 때문에 자연히 뇌와 몸이 잠잘 준비를 한다.

밝기를 서서히 떨어뜨려 잠을 잘 준비를 한다.

필립스 휴가 없다면 형광등이 아닌, 크립톤 전구 같은 간접 조명을 활용하는 것이 좋다. 또 야간에 컴퓨터와 휴대폰을 사용해야만 하는 경우에 대비해서는 컴퓨터 화면의 블루라이트를 차단하고, 위치정보에 따라 그 시간의 자연광에 가까운 빛으로 조정해주는 'f.lux(모니터 블루라이트 차단 프로그램)'라는 앱을 이용하고 있다(최신 아이폰의 OS에도 나이트 시프트라는, f.lux와 같은 기능이 구현되었다). 이런 식으로 빛을 조절해 집중력을 높이는 수면으로 유도하는 것이다.

파워 냅 15분은 3시간 수면과 맞먹는다

낮에 의지력을 회복시키는 데는 파워 냅이라 불리는 낮잠이 최고다. 파워 냅Power Nap(기력을 회복하기 위한 전략적 낮잠)은 침대에 누워 자는 낮잠과 달리 눈을 감고 가만히 휴식을 취함으로써 피로와 졸음을 없애는 뇌 회복법이다. 15~20분의 파워 냅은 밤의 3시간 수면에 필적하며, 회복한 집중력이나 주의력은 150분 지속된다.

파워 냅의 최대 장점은 사무실 책상에 앉아서도 할 수 있고, 단시간에 효율적으로 의지력을 회복시킬 수 있다는 것이다.

그 비밀은 수면의 기초가 되는 울트라디언 리듬(24시간 이하의 주기를 갖는 생물의 행동 및 생리현상. 생체 리듬)에 있다. 우리의 수면은 90분의 깊은 잠(논렘수면)과 20분의 얕은 잠(렘수면)을 반복하는 리듬으로 구성되어 있다.

파워 냅은 20분간 얕은 잠을 취했다고 뇌가 착각하게 해서 의지력을 극적으로 회복시키는 것이다. 이것이 잠깐 눈을 붙이는 낮잠과 파워 냅의 차이이다.

미국에서는 이미 그 유효성이 인정되어 구글이나 나이키, 애플 같은 기업과 미국 항공우주국NASA 같은 정부기관이 파워 냅을 도입했다. 호주 빅토리아주 교통사고대책위원회에서는 운전 시의 피로 경감을 목적으로 파워 냅을 권장하고 있다.

일본에서도 재충전해서 일의 효율화로 이어지도록 '파워 냅 제도'를 마련한 기업들이 있다. '파워 냅 중'이라고 주위에 알려 두면 업무 시간 중이라도 1회 15~20분간 파워 냅을 취할 수 있다는 것이다. 만일 거래처에서 전화가 왔다고 해도 주위에서는 본인을 깨우지 않고 20분 후에 다시 연락하게 하는 구조이다.

파워 냅을 할 때는 방의 불을 끈 채 누워 눈을 감고 천천히 호흡하는 상태가 최적이다. 하지만 의자에 앉은 채로 팔을 베고 눈을 감은 후 호흡 속도를 떨어뜨리기만 해도 같은 효과를 얻을 수 있는 것으로 알려져 있다.

학교 수업 중에 책상에 엎드려서 푹 잠을 잔 경험이 누구나 있을 것이다. 그런 방식으로 눈을 감고 호흡 속도를 완만하게 유지하면 그것이 파워 냅이 된다. 그러니까 점심시간이 끝나가는 20분을 사용하면 회사에서도 쉽게 실천할 수 있다. 주위의 소리와 빛이 신경 쓰이는 사람은 귀마개와 안대를 준비해 두면 좋을 것이다. 최근에는 팔에 끼우는 베개도 판매하고 있으니까 자기 나름의 쾌적한 파워 냅 방법을 찾아보기 바란다.

참고로, 20분 이내의 파워 냅에 그치지 않고 그대로 잠들어 버린 경우는 깊은 잠에서 억지로 일어나는 것보다 렘수면 사이클인 90분간 낮잠을 자고 일어나는 것이 상쾌하다.

나처럼 혼자 일하는 시간이 많은 경우는 졸고 있는 듯한 파워 냅 상태가 기분이 좋아 계속해서 자고 싶은 유혹에 빠질 수 있다. 하지만 거기서 참는 것이 좋다. 타이머를 세트해서 20분 이내에 일어나도록 해야 한다.

30분 이상 자면 오히려 집중력이나 주의력이 부족해 산만해질 수도 있기 때문이다. 15~20분이라는 원칙을 지켜가며 파워 냅을 도입해 보라.

정리

성공한 사람일수록 잠을 잘 잔다.
피로가 누적되지 않도록 밤 10시~2시에는 꼭 잠을 자라.

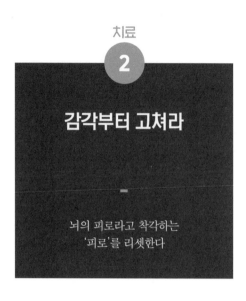

치료

2

감각부터 고쳐라

뇌의 피로라고 착각하는
'피로'를 리셋한다

▼

일이나 공부를 하다 보면 '뇌가 피곤하다'고 느낄 때가 있다. 뇌의 피로가 집중력을 떨어뜨린다고 생각하는 사람도 많다.

하지만 최신 뇌과학 연구에 따르면 뇌는 지치지 않는다고 한다. 우리가 느끼는 피로의 원인은 뇌의 피로가 아니라 몸의 다른 곳에 있다는 것이다. 그곳이 바로 신경과 근육이다. 특히 신경이 집중되어 있는 눈의 피로를 우리는 '뇌의 피로'라고 착각한다.

하지만 이러한 신체 각 부위의 피로가 집중력이나 기억력 저하와 연관되어 있는 것이 사실이다. 다시 말해 눈의 피로를 풀어주면 집중력을 회복시킬 수 있다.

뇌의 피로는 눈의 피로

심리학자들은 흔히 '눈은 마음의 창'이라고 표현한다. 그 사람의 눈을 보면 마음속이 보인다는 것이다. 나 같은 멘탈리스트들은 항상 '눈의 움직임'에 주의를 기울인다. 왜냐하면 눈의 움직임에는 그 사람의 생각과 심리상태가 즉각 드러나기 때문이다.

예컨대 상담하는 자리에서 상대방이 이쪽 이야기를 들으면서 불안정한 자세로 눈을 움직이고 있다면 그 사람은 완전히 딴 생각을 하고 있다고 보면 된다. 반대로 이쪽 눈을 보고 "그래요", "정말 그렇겠네요"라고 맞장구를 치며 고개를 끄덕이고 있다면, 상대는 당신의 말을 듣고 검토하는 중이라고 봐도 된다.

이것은 알기 쉬운 일례지만 기본적으로 보기나 듣기, 배우기와 같은 인풋 작업에 집중하고 있을 때에는 눈을 별로 움직이지 않는다. 반대로 생각을 할 때나 많은 사람 앞에서 발표를 할 때와 같이 아웃풋 작업을 하는 동안에는 쉴 새 없이 눈을 움직인다.

그렇다면 어떻게 눈의 움직임이 심리상태를 반영하는 걸까? 눈은 뇌와 직결되는 특수한 기관이기 때문이다. 뇌에서 나오는 말초신경인 뇌신경은 12종류가 있다. 그중 4분의 1에 해당하는

눈과 뇌는 직접 연결되어 있다.

3개의 신경, 즉 삼척신경과 시신경, 동안신경이 눈에 연결되어 있는데, 특히 시신경과 동안신경은 다른 기관을 경유하지 않고 직접 뇌와 연결되어 있다.

더구나 뇌와 기관이 뇌신경에 의해 직결되어 있는 기관은 오직 눈뿐이다. 그만큼 눈은 우리 몸의 특수한 기관으로 뇌 출장소라고 불릴 정도다. 사실 뇌가 처리하는 정보 중 80% 이상은 시각을 통해 모은다.

일하거나 공부하는 중에 자신을 돌이켜 보면 자신이 얼마나 눈을 혹사시키는지 알 수 있을 것이다. 컴퓨터 모니터의 작은 글씨를 장시간 쳐다보다가 휴식시간이 되면 휴대폰을 만지작거리고, 회의할 때는 자료를 읽는다. 수험생은 참고서를 숙독하거나 문제집을 풀고, 쉬는 시간에는 휴대폰 게임으로 긴장을 푼다.

어쨌든 현대인의 생활은 눈을 혹사시키는 일과 직결되어 있다. 그리고 눈을 사용하면 할수록 뇌에 보내지는 정보는 증가하고, 그 취사선택을 위해 의지력은 소모되어 간다.

피로의 정체는 눈 주위에 뭉친 근육

눈의 피로는 그대로 집중력 저하로 이어진다. 예컨대 장시간

컴퓨터 모니터를 응시하고 있다 보면 눈이 침침해지고 머리가 멍해진다. 그런 경험을 해본 사람도 적지 않을 것이다. 아무리 의욕이 있어도 눈이 피로하면 집중력이 지속되지 않는다. 이것은 뇌가 피곤한 것이 아니라 정보의 입구인 눈의 피로가 집중하는 것을 방해하기 때문이다.

역으로 말하면, 피로로 인한 눈의 기능 저하를 적당히 회복시킬 수 있다면 그만큼 집중력을 지속시킬 수 있다. 즉 눈의 피로를 풀어줘야 집중력이 회복된다.

눈이 피로한 원인 중 하나는 눈 주위에 있는 근육의 긴장이다. 안구는 외안근이라고 하는 6개 근육으로 지탱하는데, 컴퓨터나 휴대폰을 계속 응시하거나 책을 장시간 읽는 등 오랜 시간 눈을 움직이지 않으면 피로가 축적된다. 또한 눈의 렌즈인 수정체의 두께를 조절하여 핀트를 맞추기 위한 근육, 모양체근도 가까운 곳을 계속 보면 피로를 느낀다.

눈이 무겁다거나 아프다거나 흐릿하거나 충혈이 되는 증상이 있다면 주의해야 한다. 안정 피로로 인해 집중력이 방해를 받기 때문이다. 눈의 피로를 해소하려면 먼저 근육의 긴장을 푸는 일부터 시작해보자.

눈을 따뜻하게, 눈 스트레칭 후 쉰다

눈의 피로는 어떻게 풀어줘야 할까? 여기서는 사무실이나 교실에서도 바로 실천할 수 있는 3가지를 '해보자' 코너에서 소개한다. 이런 식으로 아주 잠깐 휴식을 취해도 피로가 사라지고 집중력이 생긴다는 것을 실감할 수 있을 것이다. 공부나 일하는 틈틈이 도입해 보라.

후각을 자극해 의지력을 회복하라

눈의 피로를 제거한 후에는 코(후각)를 통해 의지력을 회복시켜 준다. 쇼핑센터에 들어섰을 때 부드럽고 상쾌한 향기가 감돌면 '아, 이 곳은 전에도 온 적이 있다'는 생각에 기분이 차분해지기도 한다. 자신의 집에서 사용하던 섬유유연제 냄새를 맡으면 편안해지기도 하고, 스쳐지나가는 이성에게서 나는 향수나 비누 냄새로 인해 누군가를 떠올리기도 한다. 향기는 이처럼 인간의 기억과 감정에 크게 작용한다.

코를 통해 느낀 향은 그 후 뇌의 대뇌 변연계에서 처리된다. 감정을 담당하는 대뇌 변연계는 후각을 통해 들어온 향에 따라 어떤 감정을 불러일으키기도 하고 행동을 촉진하기도 한다. 때로 기억을 되살리는 작용을 하기도 한다. 또한 시상하부라는 부위에 전기신호를 전달하여 호르몬 분비를 촉진하고 혈류를 증가시켜 혈중 산소를 늘리는 등 각 장기의 작용을 조절한다.

이러한 향기와 뇌의 관계에 착안하여 몸과 마음의 긴장을 풀어주고 치유력을 높여주는 것이 아로마테라피(방향요법)이다. 말하자면 특정 냄새를 후각에서 뇌로 보내 피로회복과 스트레스 해소, 릴랙스 효과를 실현하는 것이다.

방향요법의 작용 중에는 의지력의 회복 또한 포함되는데, 몇 가지 향이 특히 효과적인 것으로 알려져 있다. 여기서는 내가 늘 지니고 다니는, 특히 권할 만한 세 가지 향을 소개한다.

· **로즈마리** : 뇌의 혈류에 작용하여 의지력을 회복시킨다. 집중력이 떨어질 때는 뇌로 가는 혈류도 감소하는데, 로즈마리 향에는 혈류를 개선하는 효과가 있어 결과적으로 의지력을 회복시킬 수 있다. 아로마테라피용 에센셜 오일을 몇 방울 티슈에 떨어뜨려 간편하게 사용할 수 있다. 그 밖에도 로즈마리는 기억력 개선에 효과가 있어 의료현장에서는 치매 증상 개선에도 이용되고 있다.

· **페퍼민트** : 상큼한 향에는 재충전 효과가 있어 민첩성과 집중력을 높인

다. 다양한 실험에서 페퍼민트의 각성 효과가 입증되었다. 업무나 공부로 인한 피로나 졸음을 개선하는 힘도 있는 것으로 알려져 있다. 에센셜 오일도 편리하다. 휴식 시간에 따뜻한 민트티를 끓여 즐기면 의지력 개선과 릴랙스 효과를 얻을 수 있다.

· **시나몬** : 뇌의 인식 기능과 기억력을 높일 수 있다. 식품 매장에서 파는 시나몬 스틱을 상비해 집중력을 발휘하고 싶을 때 향을 맡아본다. 또한 아침 식사 때 시나몬 파우더를 사용해 커피나 시리얼에 향을 내는 방법도 있다.

눈은 뇌로 연결되는 중요한 기관이다.
피곤하기 전에 5분 동안 눈을 감고 있어도
집중력이 회복된다.

눈을 따뜻하게 한다

눈을 따뜻하게 하면 눈 주위 근육의 혈류가 개선된다. 혈액순환이 좋아지면 근육을 움직이기 위한 에너지가 원활하게 전달되고 동시에 피로물질이 배출된다. 그 결과 눈의 피로가 경감되는 것이다. 전자레인지에 데운 수건이나 약국 같은 데서 구입할 수 있는 핫 아이마스크를 사용하여 5분 정도 눈가를 따뜻하게 하면 안정피로 외에 안구 건조로 인한 뻑뻑한 느낌도 경감된다.

눈 스트레칭을 한다

'눈 스트레칭'에는 몇 가지 방법이 있다. 우선은 워밍업 대신 눈을 꼭 감았다가 크게 뜬다. 이 동작을 수차례 반복한 뒤 안구를 천천히 상하좌우로 움직여 보라. 이렇게 3세트 정도 하고 나서 마무리로 안구를 오른쪽 방향으로 1회전, 왼쪽 방향으로 1회전, 천천히 원을 그리듯 돌려준다. 눈 주위의 근육이 풀리면서 피로가 풀릴 뿐만 아니라 눈을 깜박임으로써 건조해진 안구가 촉촉해지는 효과도 얻을 수 있다.

또한 컴퓨터나 휴대폰을 자주 사용하여 가까운 거리에 초점을 맞추는 시간이 긴 사람은 먼 곳을 보며 스트레칭하는 것이 좋다. 3미터 떨어진 곳을 보고 난 후, 30센티미터 정도 되는 가까운 곳을 보는 동작을 번갈아가며 20번 반복한다. 이렇게 하면 수정체의 두께를 조절하여 핀트를 맞추는 근육과 모양체근의 피로가 경감된다.

눈을 쉬게 한다

눈을 쉬게 해주는 데 가장 효과적인 방법은 어둠 속에서 시각 정보를 차단하는 것이다. 5분 정도 짧은 시간이라도 시각 정보를 차단하면 안약이나 마사지를 능가하는 피로회복 효과가 있는 것으로 알려져 있다. 두꺼운 아이마스크를 끼고 5분에서 10분 정도 낮잠을 자는 것도 좋다.

요가에서는 도구를 사용하지 않고 두 손을 이용하는 방법을 쓴다. 손바닥을 비벼 따뜻하게 한 다음, 눈에 손이 닿지 않게 손바닥을 둥글게 해서 두 눈을 가린다. 빛이 들어오지 않도록 손가락 사이를 딱 붙인 후 눈을 뜨고 손바닥 안의 어둠을 1분간 바라보는 방법이다.

짧은 시간 시각 정보를 끊기만 해도 수면과 맞먹는 효과를 기대할 수 있다는 뇌과학계의 연구보고도 있다. 기억해야 할 것을 정리해서 머릿속에 새기고 싶다면 짬이 날 때마다 어둠을 만들어 응시해 보라.

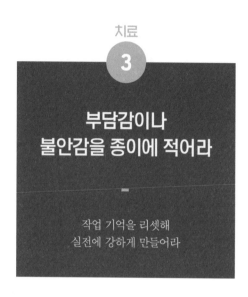

치료

3

부담감이나
불안감을 종이에 적어라

작업 기억을 리셋해
실전에 강하게 만들어라

▼

당신은 이런 바보스런 짓을 한 적이 없는가?

방에 책을 가지러 갔는데, 더러운 바닥이 거슬려 청소를 하다가 무엇을 하러 왔는지 잊어버렸다. 슈퍼마켓에 전구를 사러 갔는데 할인 상품을 보다가 그만 전구 사는 것을 잊어버리고 과자만 사가지고 집에 왔다. 잡지를 보며 친구와 잡담을 하는데, 조금 전에 본 영화의 주연 배우 이름이 생각나지 않는다.

사실 이것은 제3의 기억이라고 불리는 '작업기억Working Memory(다른 감각기관으로부터 들어오는 정보를 머릿속에 잠시 잡아 뒀다가 기억하는 단기적 기억. 작동기억이라고도 한다)'과 밀접하게 관련되어 있다.

기억에는 최근에 일어난 일을 기억하는 단기기억과 옛날 일을 기억하는 장기기억이 있다. 하지만 이 두 가지 기억만으로는 생활하기가 불편하다. 그래서 발달한 것이 정보를 일시적으로 유지하는 작업기억이라고 하는 기능이다. 이것은 어떤 목적을 갖고 작업할 때 사용하는 기억력을 가리킨다.

예를 들어 암산으로 돈 계산을 할 때, 우리는 '총 129,000원이니까 3명이 각자 43,000원씩 부담하면 된다'는 식으로 처리한다. 쉽게 말해서 '129,000원'이나 '3명', '1명', '43,000원'을 일시적으로 기억하는 것이 바로 작업기억이다.

또 눈앞의 상대방과 이야기할 때 상대방의 질문에 거침없이 대답할 수 있는 것은 작업기억에 상대방의 질문 내용이 기억되어 있기 때문이다. 즉 일이나 공부하는 동안 우리는 늘 작업기억의 도움을 받는다.

그런데 의지력처럼 작업기억도 일정한 용량이 있고 개인차가 있다. 동시에 여러 가지 작업을 하거나 선택과 결단을 반복하다 보면 기억하지 못하는 것들이 늘어난다. 그러면 정신이 멍하거나 판단이 흐려지거나 한 가지를 계속 생각할 수 없게 된다. 즉 작업기억이 꽉 찬 상태 또한 집중력이 떨어진 상태인 것이다.

긴장감을 집중력으로 바꿔라

시카고 대학의 심리학자인 시안 베일록 교수는 실험을 통해 작업기억에 대해서 재미있는 결과를 내놓았다. 시험 직전에 부담감과 불안감을 종이에 적으면 문제를 푸는 데 사용하는 작업기억이 늘어난다는 것이다.

베일록 교수 연구진은 20명의 대학생에게 두 차례 간단한 수학시험을 치르도록 했다. 첫 번째 시험에서는 학생들에게 최선을 다하라는 말만 했다.

하지만 두 번째 시험에 앞서 연구진은 대학생들이 심리적 부담감을 느낄 만한 조건을 내걸었다. 즉 "점수가 높은 사람에게는 상금을 주겠다"거나 "성적이 나쁘면 연대 책임으로 팀의 다른 멤버에게 피해를 주게 된다", "시험 치는 모습을 비디오로 촬영해 수학 선생님에게 보여주겠다"는 것이었다.

한편 두 번째 시험에서 절반의 학생에게는 10분간 '시험에 대한 불안감이나 그 원인'을 자유롭게 쓰게 하고, 나머지 절반은 10분간 가만히 앉아 있게 했다.

실험결과는 확연히 달랐다. 시험 직전에 가만히 앉아 있었던 그룹은 첫 번째 시험에 비해 두 번째 심리적 부담감이 가해진 시험에서 성적이 12%나 떨어졌다. 반면 시험 전에 불안감을 종이에 적은 그룹은 첫 번째 시험에 비해 두 번째 시험 성적이 5%나 향상되었다.

베일록 교수 연구진은 또 다른 실험에서 시험에 대한 불안감을 적어본 것이 결과로 나타났음을 입증했다. 종이에 뭔가를 쓰는 행위에 긴장을 완화시키는 효과가 있다는 것이다.

왜 시험에 대한 불안감을 적어본 것이 성적 향상으로 이어졌을까? 그 이유는 작업기억에 있다. 심리적 부담감 때문에 시험에 대한 불안감이 높아지면 작업기억이 걱정거리만으로도 벅차게 된다. 그런데 종이에 불안감을 적으면 마음의 걱정거리가 밖으로 나오게 된다. 그 결과, 작업기억이 리셋되어 빈 용량이 증가한다고 하는 구조이다.

베일록 교수 연구진은 실전에서 실력을 발휘하지 못하는 사람은 실전에 임하기 전에 부담감이나 불안감을 글로 적으면 능률이 크게 향상된다고 지적한다. 즉 부담감이나 불안감을 글로 적으면 머릿속이 말끔해져 집중력을 높이는 작용이 있는 것이다.

불안감을 적으면 시험 뿐 아니라 많이 떨리는 일을 할 때도 마음을 누그러뜨릴 수 있다. 클라이언트에게 프레젠테이션을 하기 전이나 중요한 곳에서 스피치하기 전, 취직이나 이직을 위한 면접 등 부담감이 있는 상황이라면 모두 도움이 된다.

만일의 경우에 집중력을 발휘하고 싶다면 손을 움직여 종이에

모든 불안감을 적어보기 바란다.

휴식 후 빨리 집중상태를 되찾아라

손을 움직여 불안감을 종이에 적음으로써 해소하는 방법을 소개했다. 마지막으로 똑같이 손을 움직여 휴식 후에 빠르게 집중력을 되찾는 효과적인 방법을 소개한다.

사람은 처음 5분 동안 집중을 잘 하면 그 후에도 집중력이 지속된다. 즉 휴식 후의 첫 걸음이 중요하다. 여기서 일이나 공부를 마주하는 모드를 잘 만들어 놓으면 질 높은 집중된 시간을 만들어 낼 수 있다. 반대로 휴식모드인 채로 일이나 공부를 시작하게 되면 한 것 같아도 결국에는 성과가 나오지 않는다.

집중력은 성과의 명암을 가른다. 집중 상태로 원활하게 들어가는 기술이 있다. 바로 '간단한 작업, 풀 수 있는 문제부터 푼다는 것'이다.

작업을 재개한 첫 5분은 아주 간단한 것, 깊이 생각하지 않아도 할 수 있는 일부터 시작하여 일정한 리듬을 만들어 나간다.

내가 학창시절에 실천했던 방법이 있다. 공부를 시작하고 처음 5분 동안에는 이전에 했던 공부를 복습하거나 간단한 계산 문제를 맞춰보는 것이다. 간단한 덧셈과 곱셈, 당시 유행하던 뇌 트레이닝 등 머리를 쓰지 않고 할 수 있는 것부터 시작해서 뇌를 활성화시킨다.

갑자기 어려운 문제나 난이도가 높은 작업에 들어가려고 하면 바로 집중력이 끊겨 버린다. 그런 것은 뒤로 미루고 우선 간단한 것부터 시작해서 척척 손을 움직여 나간다. 작업을 시작하고 5분 동안에는 아주 간단한 일, 깊이 생각하지 않고도 할 수 있는 일을 시작하여 일정한 리듬을 만든다.

중요한 것은 이것이다. 공부하기가 싫거나, 기획서 만들기가 싫을 때 등 시작도 하기 전에 못한다며 지레 겁먹는 작업과 마주해야 할 때일수록 효과적이다. 먼저 간단한 일을 하여 리듬을 만들고, 싫은 일에 대한 의식을 희미하게 만들면 자신감과 집중력이 지속된다.

나는 지금도 공부나 작업을 하기 전에 휴대폰 앱의 덧셈이나 한자 쓰기 등으로 도움닫기의 과정을 만든다. 일하는 곳이라면 복사를 해서 자료를 작성하거나 틀에 박힌 문장을 사용해 완성할 수 있는 메일을 보내는 등 아주 간단한 일을 하는 것이 좋다. 그러고 나서 서서히 창의성이 필요한 작업에 들어가게 되면 무리 없이 집중력이 높아질 것이다.

정리

집중력은 손으로 만드는 것.

부정적 감정을 써서

부담감을 이길 수 있는 뇌를 만들자.

제4장

집중하게
만드는
5가지 시간 사용법

일하는
시간을
바꾸기만 해도
능률이 오른다

비즈니스 세계에서는 '중요한 일은 바쁜 사람에게 맡기라'는 격언 같은 말이 있다. 평소에 일에 집중하고 바쁜 사람일수록 효율적으로 작업을 진행하는 요령을 알기 때문에 여러 안건을 동시에 처리하는 데 능하기 때문이다.

그리고 바쁜 와중에도 몇 가지 일에 대응하다 보면 처리 능력 자체가 향상된다. 그렇게 해서 일정 수준 이상의 성과를 내기 때문에 주변의 신뢰가 높아진다. 그 결과, 다시 일이 모이는 선순환에 들어가는 것이다.

그러한 '중요한 일이 모이는 사람'에게는 어떤 공통점이 있다. 그것이 이 장에서 다룰 시간 사용법이다. 사실 그들은 높은 자기 통제력을 통해 항상 자신을 '시간이 없다', '하지만 해야 한다'고 하는 상황으로 몰고 가 단시간에 많은 작업을 처리하는 집중력을 발휘한다. 이 집중력을 자동적으로 만들어내는 시간 사용법은 재능이 없어

도 누구나 훈련으로 몸에 익힐 수 있다. 평등하게 주어진 하루 24시

간을 어떻게 쪼개 쓸지는 자신이 결정할 수 있기 때문이다.

집중력이 자동으로 만들어지는 5가지 시간 사용법

꼬끼오 꼬꼬

일찍 일어나기

포모도로 기법

울트라디언 리듬

아이비 리 메서드

스케줄에 여백을 만든다

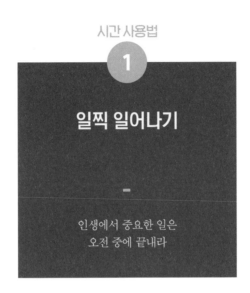

시간 사용법

1

일찍 일어나기

—

인생에서 중요한 일은
오전 중에 끝내라

▼

버진그룹 창업자이자 모험가인 리처드 브랜슨, 애플의 CEO 팀 쿡, 스타벅스 CEO 하워드 슐츠, 아마존 창업자인 제프 베저스, 야후의 CEO 마릿사 메이어, 뉴스 사이트 허핑턴 포스트The Huffington Post 창설자 아리아나 허핑턴……

이런 쟁쟁한 사람에게는 어떤 공통점이 있다. 바로 일찍 일어난다는 점이다. 특히 팀 쿡과 하워드 슐츠는 매일 4시 반에 기상하는 것으로 알려져 있다. 일찍 일어나는 이유를 묻자 리처드 브랜슨은 "세상이 이렇게 즐거운 일로 넘친다. 가슴이 설레서 잠을 잘 수 없다"고 대답하며, 전날 밤에 무슨 일을 했든 아침 5시가 지나면 저절로 잠이 깬다고 덧붙였다.

그럼 그들은 왜 남들보다 일찍 일어나며, 아침 시간을 소중히 여기는 걸까? 그 답은 역시 집중력에 있었다.

뇌과학 연구에 따르면 뇌는 아침에 일어난 뒤 2시간 동안 가장 창의적인 힘을 발휘하는 것으로 나타났다.

그들은 그 2시간을 최대한 활용하기 위해 가족에게도 직원에게도 간섭을 받지 않는 이른 아침에 일어나 수면으로 회복된 의지력을 창의적인 발상에 쓴다. 즉 집중력의 구조를 알기 때문에 뇌가 가장 신선한 아침을 자신의 시간으로 쓰는 것이다.

　그런데 세상의 많은 사람들은 소중한 아침 2시간의 가치를 모르기 때문에 아침 시간을 허비한다. '5분이라도 더 자고 싶다'는 생각에서 직장이나 학교에 가기도 빠듯한 시간에 맞춰놓은 자명종 시계의 시끄러운 소리에 일어나 정신없이 준비를 하고 아침 식사도 하는 둥 마는 둥 하고는 집을 나선다.

　도시에 사는 사람은 학교나 직장까지 가는 동안 붐비는 전철이나 버스 안에서 얼마나 자신의 공간을 확보하느냐에 집중한다. 운동했을 때와는 달리 불쾌한 땀을 흘리며 학교나 직장에 도착하면 반복되는 일상과 마주하게 된다.

　그 결과, 공부나 일에서 창의성과 집중력이 필요할 때는 이미 의지력의 대부분을 잃었기 때문에 집중하지 못하고 만다. 그리

고 '자신은 잘 지치는데다 집중력이 부족하다'는 자기 부정에 빠
진다. 너무나 안타까운 일이다.

아침 황금시간대는 자신을 위해서 사용하라

집중력이 가장 높아지는 아침 2시간. 그중에서도 특히 중요한
30분이 있다. 바로 충분한 수면을 취하고 아침 식사를 한 후의
30분이다. 이때가 하루 중 가장 집중해서 매사에 임하기 쉽고,
더욱이 자신을 컨트롤하는 힘도 높은 황금시간대이다.

만약 당신이 뭔가 새로운 일을 시작하고 싶거나 인생을 바꾸
기 위한 공부를 하고 싶다면 이 30분을 효율적으로 활용하라.

그러기 위해서는 역시 일찍 일어나야 할 필요가 있다. 앞서 언
급한 사람만큼 빨리는 일어나지 못해도 아침 식사 후의 30분부
터 1시간을 자기 자신을 위해 쓸 수 있게 일정을 잡는다. 실제로
아침을 정점으로 낮부터 밤까지의 집중력과 자기 통제력은 서서
히 떨어진다.

하루 중 최고의 집중력을 발휘할 수 있는 황금시간대를 자신
의 장래를 준비하기 위한 공부나 훈련 시간으로 충당하라. 이것
이 최고의 투자다. 밤에 지쳐 돌아와 새로운 일에 도전하는 것보

다는 짧은 기간에 확실한 성과를 얻을 수 있을 것이다.

8시에 집을 나선다면 6시에 일어나서 아침을 먹고 6시 30분에서 7시 30분까지 1시간을 자신을 위한 시간으로 만드는 습관을 들여보라. 매일 아침, 자신을 위한 1시간을 낼 수 있다면 1년이면 365시간(=15일)이 된다. 일찍 일어나기를 계속하면 2주일에 해당하는 창조적인 시간이 손에 들어온다. 거기서 쌓은 사고와 체험은 조만간 큰 성과로 되돌아올 것이다.

아침 식사 후 30분을 정점으로 한 높은 집중력 상태는 그로부터 약 4시간 지속되는 것으로 밝혀졌다. 6시에 기상한 사람이라면 대체로 11시 정도까지가 지적 작업에 적합한 시간대이다.

그 뒤 오후 들어 서서히 의지력을 잃고 창의성이나 집중력을 발휘하기가 어려워진다. 물론 이미 소개한 파워 냅을 통해 일시적으로 회복시킬 수는 있지만 그래도 아침의 황금시간대를 뛰어넘는 정점에 이르지는 못한다. 이는 수면 시간이 집중력에 얼마나 중요한 요소인지 알 수 있다.

의지력의 양에 맞춰 하루 일과를 시작하고 싶다면 중요한 결정을 먼저 하고, 그 다음은 창의성이 필요한 작업, 단순 작업, 순으로 하는 것이 이상적이다.

시간대를 나누는 데도 '정답'이 있다

경제적, 사회적으로 성공한 사람들과 일반인의 수면 시간을 비교한 미국의 연구에 따르면 성공한 사람들은 장시간 수면을 취하는 것으로 알려져 있다. 성공한 사람의 평균 수면 시간은 약 8시간인 반면 일반인은 약 6시간이다. 성공한 사람의 수면 시간이 2시간이나 많다.

실제로 매일 아침 4시 반에 일어난다고 소개한 애플의 CEO 팀 쿡은 매일 무려 7시간이나 수면 시간을 확보한다고 공개적으로 말한다. 마찬가지로 4시 반에 기상하는 스타벅스의 창업자 하워드 슐츠는 8시간 수면이 이상적이라고 주장한다.

사회적으로 성공한 사람이 장시간 수면을 취하는 이유는 무엇일까? 몰두하는 작업에 높은 집중력을 요하는 사람일수록 의지력을 충분히 회복시키기 위해 충분한 수면 시간이 필요하기 때문이다.

하지만 4시 반에 기상하는 사람이 8시간이나 수면을 취하려면 밤 8시 반에는 잠을 자야 한다. 이 시간은 잠자리에 들기에는 좀 이르다고 볼 수 있다. 그런데 사람의 몸을 움직이는 생체시계인 서캐디언 리듬Circadian Rhythm(24시간을 주기로 되풀이되는 생리 화학 행동상의 흐름)으로 생각하면 매우 이상적인 생활 사이클이다.

　서캐디언 리듬은 원시 시대부터 지금까지 포유류가 되풀이해서 온 흐름이다. 일출과 함께 아침에 일어나서 해가 질 때 졸리고 밤에는 잠을 자는 생활 사이클을 통해서 만들어진 서캐디언 리듬에 맞춰 우리 몸의 각 기능은 작동하게 되어 있다.

　예컨대 하루 중 7시경에는 심장 등 순환기계의 효율이 가장 높고 힘이 있다. 오전 10시 경에는 인지능력이 높고 집중하기 쉽

서캐디언 리듬

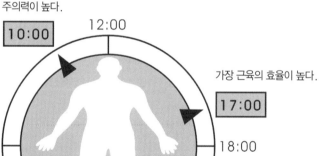

주의력이 높다.
10:00
12:00

가장 근육의 효율이 높다.
17:00
18:00

6:00

4:30
멜라토닌 분비가
시작된다.

00:00

21:00
가장 체온이 낮다.

다. 그러니까 이때 집중해서 공부하거나 일하지 않는 것은 시간을 허비하는 것이나 마찬가지다.

평소에는 별로 의식하지 않지만, 예컨대 먼 곳으로 해외여행을 할 때 시달리는 '시차 증후군'은 서캐디언 리듬이 깨졌기 때문에 생긴다. 충분히 잤는데도 밖이 캄캄하면 수면 부족을 느껴 피로가 풀리지 않는다. 이는 체내의 서캐디언 리듬이 깨져 몸의 기능이 제대로 작동하지 않기 때문이다.

아침 4시 반 기상이나 저녁 8시 반 취침 같은 사회적 성공자의 생활 사이클은 일견 극단적으로 보이지만 몸에는 가장 적합한 리듬이다.

반대로 심야까지 야근하고 아침에 출근 직전까지 잠을 자는 생활 사이클은 시차에 적응하지 못한 채 일상생활을 계속하는 것이나 마찬가지다. 당연히 낮에 졸음이 오는 것은 물론 집중력이 지속되지 못할 뿐만 아니라 몸도 무겁고 나른함을 느낀다.

그런 나쁜 상태를 느끼면서도 그대로 올빼미형 생활을 계속해 나가면 생체시계가 교란되어 불면 증세에 시달리게 된다. 졸린데도 잠을 잘 이루지 못하고, 잠이 얕게 들어 작은 소리에도 금방 깨어 버린다. 그렇기 때문에 수면에 만족감을 얻을 수 없다. 아침에 일어나기 힘들어 기상 시간이 늦어질 수도 있다. 물론 아침 황금시간대를 느긋하게 보낼 만한 여유도 없다. 그렇기 때문에 낮에 졸음이 쏟아지는 악순환에 빠진다.

아침에 해야 할 7가지 행동

그렇다면 아침을 어떻게 보내야 집중력이 생기는 걸까?

아침에 일찍 일어나는 사람들은 날마다 고난도 의사 결정을 하는 경우가 많다.

그런 그들에게 일찍 일어나는 일 외에도 공통되는 행동이 또 하나 있다. 그것은 일어난 후 달리기나 걷기, 스트레칭, 수영 등 몸을 움직이는 운동을 해서 가볍게 땀을 흘린다는 것이다. 그들은 일찍 일어나 확보한 아침 2시간 동안에 15분 정도 운동을 해서 뇌를 활성화시킨다. 그렇게 해서 집중력을 높이는 것이다.

나는 이러한 실천자들의 실례를 참고하고 뇌과학 연구서에서 얻은 지식을 바탕으로 집중력을 높이기 위해 '아침에 해야 할 행동 7가지'를 정리했다.

1. 일찍 일어나서 아침식사를 한다.
2. 아침 햇살을 받으며 운동하여 가볍게 땀을 흘린다.

3. 동기부여가 되는 화제나 말, 시를 접한다.

4. 매일 1가지, 노트나 컴퓨터에 일상의 행복에 대한 감사 표현을 한다.

5. 매일 '오늘이 인생 마지막 날이라면 어떻게 할까' 자신에게 묻는다.

6. 그날 계획을 10분 이내로 세운다.

7. 짧게 명상을 한다.

1번과 2번의 일찍 일어나기와 운동, 7번 명상의 효용은 앞서 말한 대로다. 의지력의 원천인 뇌의 전두엽에 직접 작용해서 집중력을 높여준다.

3번과 4번의 긍정적인 인풋이나 메모는 마음을 가다듬기 위한 악센트다. 아침 햇살을 받으면 뇌 속에서는 행복 호르몬이라 불리는 세로토닌이 분비되는데, 3번과 4번은 그 기능을 더 높이기 위한 것이다. 이렇게 하면 전날까지 느꼈던 스트레스를 회복시켜 긍정적으로 새로운 하루를 시작할 수 있다.

아침 10분만 잘 이용해도 하루가 효율적이다

5번과 6번은 장기와 단기 스케줄을 짜기 위한 것이다.

일찍 일어나면 정신이 말끔하다. 그러니까 '오늘이 인생 마지막 날이라면 어떻게 할까' 자신에게 물어본다. 거창하게 말하면 인생의 목표를 마음에 그릴 수 있다. 만약 성취하고 싶은 것이 떠오르지 않는다면 우선 '자신이 하고 싶지 않은 것', '앞으로 할 생각이 없는 것'을 명확히 해둔다. 그것만으로도 헛된 의사 결정이 줄고 의지력을 쓸데없이 소모하는 일도 없어진다.

신선한 아침에 그날 스케줄을 짜는 것은 바로 그날 하루를 충실하게 보내기 위해 필요한 행동이기도 하다.

하루의 대부분을 클라이언트 등과 면담하는 일로 보낸다면, 시간대가 나누어질 테니까 망설일 일이 없다. 하지만 대부분의 경우는 시간과 순서가 정해져 있지 않은 데스크 워크가 중심이다. 갑작스러운 미팅이나 복도에서 나누는 대화, 고객의 클레임처럼 예상 밖의 일에 대응하다 보면 뭘 했는지 잘 모르는 하루가 되는 일도 적지 않다.

그렇게 잃은 시간은 장기적으로 생각하년 큰 손실이다. 이렇게 허비하는 시간을 줄이기 위해서는 매일 아침 10분 정도 그날 할 일을 생각하는 시간이 필요하다. 회사에 도착하면 먼저 무슨 일부터 시작해서 몇 시까지 마칠 것인지 정하고, 다음에 착수할 일은 무엇인지 정한다. 감정적이 되거나 판단이 흐려지는 일이 적은 아침 시간에 하루의 시간을 스스로 컨트롤하기 위한 준비를 하는 것이다.

역산해서 순서를 정할 수도 있으므로 결과적으로 잔업처럼 끝을 알 수 없는 시간은 확실히 줄게 된다. 그만큼 일찍 퇴근하게 되면 일찍 일어나기 위해 꼭 필요한 일찍 자는 습관으로 이어질 수 있다.

매일 20권의 책을 읽는 나만의 시간 사용법

나에게 아침은 인풋을 하는 중요한 시간이다. 이 시간에는 새로운 분야의 책을 읽기도 하고, 책상에 앉아서 노트에 아이디어 등을 적기도 하며 보낸다.

낮에는 기본적으로 아웃풋하는 시간으로 사용한다. 미팅이나 강연, 미디어 활동 등 많은 사람을 만나서 자신의 생각을 이야기하는 시간은 아웃풋이기도 하고, 동시에 아침에 인풋한 것을 머릿속에 새기는 '복습'의 시간이기도 하다.

어렴풋이 알고 있는 전문적인 지식도 노트를 다시 보면서 대화하다 보면 자신이 갖고 있는 다른 지식과 결합해 확실히 알게 될 때가 많다. 분명 당신도 프레젠테이션용 자료를 만들 때보다 프레젠테이션 직후가 안건에 대한 이해가 깊어질 것이다. 이것은 인풋을 한 후에 주위사람과 대화하면 그 자극으로 기억이 머릿속에 새겨지기 때문이다.

이것을 구조화하고 습관화하기 위해서도 아침의 황금시간대에 집중해 인풋과 아이디어를 내는 것이 좋다. 그 후 업무 시간에 사람들과 대화하면서 명확한 형태로 바꾸어 가는 것이다.

혼자 하는 작업이 대부분이라면 점심시간 등을 활용해 동료와 새로운 아이디어나 지식을 공유해 나가면 된다.

이런 사이클만 가능하게 되면 당신은 주위 사람보다 훨씬 효율적으로 시간을 사용할 수 있게 된다.

나의 하루생활

저녁

복습
아침에 배운 것,
지금까지 배운 것을
재검토한다.

아침

인풋
전문서 등을 읽는다.
공책을 정리한다.

낮

아웃풋
아침에 배운 것을
말하고 설명한다.

밤은 복습 시간이다.

학교나 학원 공부, 직장 일을 끝낸 후에는 누구나 의지력이 소모되기 마련이다. 파워 냅과 명상으로 낮에 회복을 도모하는 나도 하루를 마치는 시간에는 집중력이 떨어진다. 그러니까 밤에는 관심 있는 분야의 지식을 보완하기 위해 가벼운 책을 읽거나 자신의 아이디어 노트를 보거나 전혀 일과는 관계없는 영상을 보는 등 시간을 낮과는 다르게 사용하는 게 좋다.

아침형 인간으로 바꾸라

밤에는 새로운 것에 도전할 만한 의지력과 집중력이 남아 있지 않다. 그러므로 일을 집으로 가지고 가서 하거나 새로운 분야를 배우는 시간으로는 접합하지 않다. 특히 밤에 집에서 기획안이나 아이디어 내기 등 창의적인 일을 하는 것은 좋지 않다.

하지만 조용히 복습하는 데는 밤 시간이 적합하다. 극단적이기는 하지만 '17시 이후에는 더 이상 집중하지 않겠다'고 정해놓는 것도 좋을 것이다. 일이나 공부를 질질 끄는 사람의 공통점은 마감을 정하지 않고 나중에 하면 된다고 미루는 버릇이 있다.

밤에는 집중력도 떨어지기 마련이다. 이 시간대를 배우는 시간으로 할당해봤자 성과가 오르지 않는다.

반면 잠들기 전에 눈에 들어온 정보는 기억에 남기 쉬운 성질이 있다. 그래서 밤에는 복습만 하고 집중력이 있는 인풋은 아침으로 돌린다. 즉 집중력을 충분히 활용하기 위해서는 하루를 다음과 같이 3단계로 나눠 사용하면 좋다.

- 아침은 입력의 시간
- 낮에는 아웃풋의 시간
- 저녁에는 복습하고, 자기 것으로 만드는 시간

이것을 매일 반복하고, 구조화해 나가자.

자신의 인생에서 중요한 의사결정, 경력 향상과 관련된 판단은 모두 오전 중에 끝내야 한다. 그런 점에서 많은 사람들이 가장 창의적일 수 있는 시간을 출퇴근이나 통학에 히비하는 것은 정말 아까운 일이다. 그런 의미에서 일찍 일어나는 아침형 스타일로 바꿔보는 것도 좋을 것이다.

정리

잠자리에서 일어난 지 2시간이 생산성의 정점이다.
이 시간을 누구에게도 방해받지 않는
자신만의 시간으로 만들자.

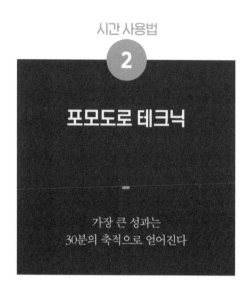

2

포모도로 테크닉

가장 큰 성과는
30분의 축적으로 얻어진다

on

▼

시간 사용법1 '일찍 일어나기'에서는 하루의 시간 흐름을 컨트롤해서 집중력을 만들어 내는 방법을 소개했다. 시간 사용법 2~5에서는 보다 짧은 단위로 시간을 활용하는 법과 집중력을 지속시켜 시간을 낭비하지 않는 법을 소개하겠다.

시간 사용법2는 포모도로 테크닉이다. 이것은 집중력이 지속되는 시간이 짧다고 고민하는 사람에게 추천할 만한 방법이다.

포모도로 테크닉은 25분 집중과 5분 휴식을 반복하는 시간 사용법이다. 작가 프란체스코 시릴로가 고안한 것으로 '포모도로'라는 이름은 그가 학창시절 애용하던 토마토 모양의 주방 타이머를 따서 붙여졌다고 한다.

포모도로 테크닉은 단순하다. 몰두해야 할 일을 짧은 시간 단위로 분할하고 나서 5분간의 휴식을 취하면서 처리해 가기만 하면 된다. 시간을 들이지 않고 집중 상태에 들어가기 위한 훈련도 되고, 계속하면 주의력과 집중력도 강화된다.

스톱워치나 키친타이머, 휴대폰의 알람 기능 등을 사용해 집중하는 시간을 구분하고, '조금 더 하고 싶다'고 생각되는 시점에 휴식에 들어감으로써 집중력을 높이는 데 목적이 있다. '25분도 길다'고 생각하는 분들은 15분 집중과 3분 휴식도 괜찮다.

어쨌든 작업에 싫증이 나기 전에 휴식함으로써 재개했을 때 원활하게 집중 상태로 돌아갈 수 있게 만드는 것이 포모도로 테크닉이다.

25분 동안 단 한 가지 일에 집중하라

마감시간이 임박하면 집중력이 생겨 초인적인 능력을 발휘한다. 이것을 심리학에서는 '마감효과' 혹은 '데드라인 효과'라고 한다. 시간이 급박하고 다급한 상황에서 집중력이 높아지기 때문에 시간을 짧게 쪼개야 일을 관리하기 쉬워진다는 말이다.

아들러 심리학에서는 지금 이 순간을 살라고 강조한다. 과거나 미래를 생각하지 않고 눈앞의 일에 집중하면 사람은 본래 지닌 힘을 최대한으로 발휘할 수 있게 된다. 예를 들어 헬스클럽에서 체력을 단련할 때도 '이번 한 번만'이라고 생각하면 평소에는 하지 못하는 무게를 들어 올릴 수 있다.

25분 동안 '한 가지 일'에 집중해보라. 25분 동안 '이것만 하면 된다'고 생각하면 그 외 모든건 생각하지 않아도 된다. 즉 망설이지 않게 된다.

집중을 한다는 것은 해야 할 일에 몰두한다는 것이다. '이 일

15~25분에 할 수 있는 일

이외의 다른 일을 하지 않는다'는 규칙을 지키기만 해도 집중력이 높아진다. 그런데 '오늘은 작업할 수 있는 시간이 8시간이나 있다'고 생각하고 '이것도 저것도 정리해야겠다'고 생각한 순간 집중력은 떨어지고 통제할 수 없게 된다.

그러니까 쓸데없어 보이더라도 작업을 중단하고 3분이나 5분의 휴식을 취한 후에 15분, 25분 집중으로 단번에 처리하는 것이 효율적이다. 집중과 휴식의 리듬이 나에게 익숙해지고 성과가 나오면 자연스럽게 집중력이 지속되는 시간이 늘어난다. 처음에는 짧은 시간부터 시작하고 부족하다 싶을 때 하던 일을 멈춰라.

그리고 15분이면 15분, 25분이면 25분에 내가 어떤 작업을 처리했는지를 위의 그림과 같이 목록을 작성해보라.

포모도로 테크닉이 대단한 점은 '의욕이 생겨서 행동하는 것이 아니다. 행동했기 때문에 의욕이 생긴다'라고 하는 작업 흥분의 원리를 실천하기 쉽다는 데에 있다.

짧은 휴식을 취하고 바로 작업에 돌입하면, 뇌 내에서는 도파민이 분비되어 불안과 방황이 줄고 집중력이 높아진다. 그리고 짧은 시간 안에 성과가 나오면 행동을 계속할 의욕이 생긴다. 행동에 의해 자신이 변했다는 느낌은 무엇보다도 당신에게 동기부여를 해 줄 것이다.

5분은 무의식의 힘을 빌리는 시간

포모도로 테크닉을 활용해 시간을 관리하다 보면 25분으로는 끝마칠 수 없는 작업에 임할 때가 있다. 이때 꼭 지켜야 할 규칙이 한 가지 있다. 절대로 휴식 전후에 할 일을 변경해서는 안 된다는 것이다.

왜냐하면 뇌는 집중력이 끊겼을 때 무의식적이지만 조금 전까지 했던 것들을 생각하기 때문이다. 그러면 5분 휴식 후에 재개

나의 포모도로 사이클

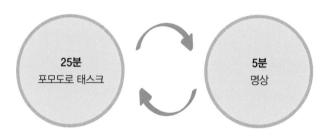

25분
포모도로 태스크

5분
명상

했을 때 아이디어가 번뜩이기도 하고 작업이 빨라지기도 한다. '잠을 자고 나면 오히려 번뜩이는 아이디어가 떠오른다'는 말은 바로 이 경우를 가리킨다. 흔히 기분전환이 되니까 하던 일을 바꾸는 것이 좋다고 말하지만 바꿔 버리면 의미가 없어진다.

발상력이나 집중력이 필요한 일은 중간에 휴식시간을 끼워 넣어야 한다. 다시 말하면 일이나 공부를 하나씩 소화해나가는 것이 아니라 도중이라도 좋으니까 손을 멈춰야 한다. 이게 바로 정답이다. 마무리 짓기 좋은 시점에서 휴식을 취해 버리면 이 무의식의 힘을 빌릴 수 없다. 그러니까 '5분간의 휴식'에는 결단이나 판단, 작업기억을 사용하지 않는 시간으로 만든다. 그러면 집중력이 높아진다.

나는 휴식을 취하는 5분 동안 주로 명상을 한다. 산책도 좋은 방법 중 하나일 것이다.

'그럼 좀 쉬었다 하자'고 말하고는 휴대폰을 보거나 메일을 열어보거나 퍼즐을 하는 사람이 있다. '그래 쉴 겸 자료나 정리해볼까'라고 말하는 사람도 있다. 이래서는 집중력이 끊긴 상태가 아니기 때문에 뇌가 휴식을 취할 수가 없다.

1회 25분 몰두했다면 그 자리를 떠나야 한다. 이 점을 잊지 말기 바란다.

내가 실천하는 포모도로 테크닉

나는 거의 모든 일에 포모도로 테크닉을 활용한다. 예를 들어 1시간이 채 안 되는 여유시간이 생겼을 때, 25분+5분의 포모도로 테크닉을 두 번 하는 식이다.

블로그라면 25분 만에 얼마나 글을 쓸 수 있고, 트위터라면 글을 올리는 데 시간이 얼마나 걸릴지 대충 짐작할 수 있다. 그래서 나는 일하는 중간 짬과 이동하는 시간에 노트북이나 휴대폰으로 아웃풋을 한다.

15분이나 25분 동안에 어떤 일을 처리할 수 있는지 아는 것이 매우 중요하다. 그 시간 안에 마무리할 수 있고 집중력도 지속되는 일을 가급적 메모해 놓는 것이 좋다.

자신이 무슨 일에 얼마만큼 집중할 수 있는지에 대해서 자각하지 못하는 사람들이 많다. 25분+5분 세트를 5회 반복해도 전혀 끝이 보이지 않는 작업을 포모도로 테크닉으로 처리하려고 하면 역효과가 난다.

목표 설정과 집중력 관계를 파악하지 못한 데 문제가 있는데도 끝내지 못했다는 후회가 남고, 시간을 쪼개야 생산성을 높일 수 있다는 효과 자체에 의문을 품을 수가 있다.

예를 들어 나는 꽤 내용이 난해한 책이라도 '25분+5분' 포모도로 테크닉을 3회전만 시키면 다 읽을 수 있다. 하지만 이건 내 기준일 뿐 다른 사람도 똑같이 한다고 되는 것은 아니다.

포모도로 테크닉에 익숙해지기 전까지는 기본 단위로 처리할 수 있는 범위를 목표로 설정해야 한다. 그러기 위해서도 자신의 집중력과 그 지속시간에 할 수 있는 일이 무엇인지 파악해 두어야 한다.

우리 몸에 익숙한 25분+5분 사이클로 성과를 올리자.

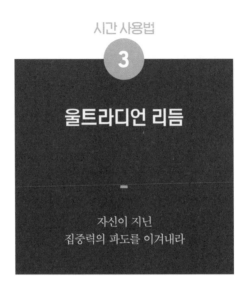

3

울트라디언 리듬

자신이 지닌
집중력의 파도를 이겨내라

▼

포모도로 테크닉을 통해 집중과 휴식의 리듬, 그리고 집중력을 지속시키는 요령을 알았다. 이번에는 울트라디언 리듬을 이용하는 방법을 알아보자.

포모도로 테크닉이 초급편이라고 한다면, 울트라디언 리듬 Ultradian Rhythm(24시간보다 짧은 주기의 행동 및 생리현상 리듬)을 이용한 이 시간 사용법은 응용편에 해당한다.

울트라디언 리듬을 자기 것으로 만들면 책상에서 오랜 시간을 보냈는데도 돌이켜보며 도대체 무슨 일을 했는지 모르겠다고 하는 경험이 사라지고 대신 시간을 알차게 보냈다는 것을 체감할 수 있다. '만족할 만한 성과를 내기 위해서는 열심히 노력하는 수밖에 없다'는 전통적인 조언이 얼마나 인간의 본질과 맞지 않는지 알 수 있을 것이다. 그리고 이 사실을 깨달았을 때 당신의 시간당 생산성은 극적으로 높아져 있을 것이다.

수면 항목에서 이미 소개한 울트라디언 리듬은 생체시계에 내재된 90분, 20분 리듬을 말한다. 수면의 경우 우리는 잠든 후 90분의 깊은 잠과 20분의 얕은 잠을 반복하다 깬다.

정신생리학자 페렛 라비Peretz Lavie 박사는 시간생물학의 법칙이 집중력에도 적용된다고 지적한다. 그는 이 울트라디언 리듬을 통해 작업과 휴식을 반복하는 것이 자연스럽게 집중력을 높이고 지속시킨다는 사실을 다양한 각도에서 연구해 밝혀냈다. 그중 하나가 세계 정상급 바이올리니스트의 연습시간에 관한 연구이다.

일반적으로 정상급 바이올리니스트가 되려면 잠자는 시간도 아끼며 혹독한 반복 연습이 필요하다고 생각한다. 그런데 세계적인 바이올리니스트들을 대상으로 페렛 라비 박사가 연구한 바에 따르면 울트라디언 리듬을 거스르지 않고 연습하는 사람일수록 높은 성과를 거둔 것으로 나타났다. 정상급 바이올리니스트는 90분 단위로 연습을 했고, 길어도 총 4시간 반 이내에서 연습을 마쳤다는 것이다.

다른 바이올리니스트보다 수면 시간도 길다. 그중에서도 특징적이었던 것은 오후에 20분 정도의 낮잠을 자는 습관이 있다는 점이다.

보통 바이올리니스트는 장시간 연습으로 지치기 쉬우나 정상급 바이올리니스트는 울트라디언 리듬에 맞춰 적당한 집중을 유지하면서 기량을 가다듬는다. 게다가 파워 업을 도입한다는 것은 얼마나 의지력이 유한적이며, 의식적으로 사용해야 하는지를 알게 해 준다.

집중이 되는 리듬을 기록하라

울트라디언 리듬에 따라 집중력을 효과적으로 활용하기 위해서는 해야 할 일의 대상을 좁혀 하나씩 끝내야 한다. 가능하면 90분 동안 한 가지 목표에 몰두해야 한다. 일을 하다 보면 쓰다 만 메일, 작성 중인 텍스트, 전화나 방문객 등 사람을 응대해야 하는 일들이 끼어든다. 그때마다 몰두하고 싶은 목표에 집중력이 끊겨서 다른 일을 하게 되는 상황이 되기도 한다. 그런 일이 계속되다 보면 여러 가지를 동시에 해낼 수 있는 유형이 일을 잘하는 사람이라고 믿게 될 지도 모른다.

하지만 실제로 여러 일을 병행해 보면 금방 알 수 있듯이 A에서 B, B에서 C, C에서 A로 바꾸는 과정에서는 일을 전환하는 시간이 필요하다. 그 시간에는 결단과 선택할 필요도 생기는데, 그것들이 쌓일 때마다 많은 의지력이 소모된다.

울트라디언 리듬을 효율적으로 활용하기 위해서라도 90분 동안 하는 일을 하나로 정하고, 그 외에는 '버리는 용기'가 필요하다. A에 임할 때는 B와 C는 끊어 버리는 것이다. 대부분의 안건은 90분 후에 대처해도 큰 문제가 되지 않는다. 무엇에 집중하고, 무엇을 놓을까. 그 판단이 중요하다.

시간이 있다고 해서 이것저것을 다 해 버리려고 하면 결과적으로는 효율이 떨어진다. 이는 앞서 언급한 '작업시간을 강제로 구분하지 않는 한 자신이 지닌 시간의 한계까지 연장해버린다'고 하는 파킨슨의 법칙으로도 증명된다.

그러므로 스케줄을 짤 때도 정한 시간을 한없이 늘리는 일이 없도록 해야 한다. 정말 집중하고 싶다면 90분이 기준이다. '시간이 있으니까 2시간이라도 3시간이라도 괜찮다'고 생각하면 결국 아무것도 손대지 못할 수도 있다.

중요한 포인트는 자신의 울트라디언 리듬을 파악해서 일이나 공부하는 시간과 휴식시간을 리듬에 동조시켜 나가야 한다는 것이다. 단순히 90분, 20분 리듬으로 시간표를 만들어 지켜 나간다고 해서 되는 것은 아니다. 서핑을 할 때처럼 자신의 파도를 파악하고 타는 것이 중요하다. 그러기 위해서는 90분+20분 리듬

주어진 시간을 집중하는 시간과 쉬는 시간으로 나누면 활용하기 쉽다.

을 시도해 가면서 동시에 자신이 집중했던 시간을 기록해 나가는 것이 효과적이다.

자신이 몇 시부터 몇 시까지 집중해서 작업을 할 수 있었는가. 말하자면 집중력 일기와 같은 식으로 기록한다. 일한 시간, 공부한 시간이 아니라 집중이 잘 됐는지에 초점을 맞춰보는 것이다.

하루 총 3~4시간을 집중한다면 상당히 우수한 편에 속한다. 정상급 바이올리니스트처럼 집중을 잘하는 사람들은 90분 집중하고 20분 쉬는 리듬을 한 번 파악하면 절대 무너지지 않는다. 그러니까 한정된 시간에 주위 사람이 예상하는 것 이상으로 성과를 만들어 낼 수 있는 것이다.

휴식으로 뇌 체력을 회복하라

울트라디언 리듬에서는 '20분'을 얼마나 잘 쉬었는가 하는 것도 큰 의미가 있다. 이때 참고가 되는 것이 스포츠계에 널리 퍼져 있는 '액티브 레스트active rest(적극적 휴식)'이다. 액티브 레스트는 피곤할 때 완전히 쉬어버리면 언제까지나 피로가 풀리지 않는다는 데이터에 근거한 것이다. 힘든 때일수록 적극적으로 가벼운 운동을 하면 보다 빨리 회복될 수 있다.

울트라디언 리듬에 따라서 활동할 때의 20분 휴식 시간에도, 파워 냅을 취하는 시간대 이외는 사무실 내를 걷는다거나 사람이 없는 공간에서 스트레칭을 한다거나 과감히 밖으로 나가 산책하는 등 적극적으로 몸을 움직여야 한다. 적극적으로 휴식을 취하면 뇌가 다른 자극을 받아 의지력이 회복된다.

실제로 수십 분 정도의 가벼운 운동은 집중력과 고찰력을 높이고 불안을 느끼지 않게 한다는 연구 결과도 있다. 이 상태를 실행기능executive functions(최선의 문제 해결을 위해 어떤 전략을 언제, 어디서, 어떻게 적용할 것인지를 알고 적용하는 기능)이라 하는데, 의지력의 원천인 전두전야의 활성이 높아지는 것으로도 알려져 있다.

휴식 시에는 멍하니 뉴스 사이트 등을 볼 것이 아니라 몸을 움직여 보라. 그것이 울트라디언 리듬을 유지해 나가는 비결이기도 하다.

정리

자기 나름의 90분+20분의 파도를 파악했을 때
집중력은 극대화된다.

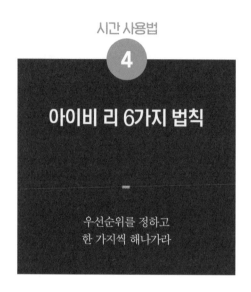

시간 사용법

4

아이비 리 6가지 법칙

우선순위를 정하고
한 가지씩 해나가라

▼

시간 사용법4는 '아이비 리 6가지 법칙'이다. 이것은 해야 할 행동을 추려내는 To Do 리스트의 일종이다. '한 가지 작업이 끝날 때까지 결단코 다음 일을 하지 않겠다'라고 하는 구조를 만드는 일이다.

왜 작업을 좁힐 필요가 있을까? 그것은 지금 당신이 사용할 수 있는 시간 내에 집중력을 최대한 발휘하기 위해서다.

여러 가지를 동시에 신경 쓰는 것은 우리의 본능이다. 항상 주위를 경계하기 위해서는 한 가지에 집중하기보다는 이것도 저것도 살펴야만 한다. 이런 자세는 식사 중 외부 적의 습격을 받을 수 있는 자연계에서 살아가는 데 매우 중요한 것이었다. 하지만 어느 정도의 안전이 확보된 지금, 특히 일이나 공부에 집중하고 싶을 때에는 이것도 저것도 살피는 것은 불필요한 제동이 되기 쉽다.

의식과 무의식 사이의 갈등을 늘 느끼다 보면 잠재의식 속에서 '이 일도 끝내지 못했다', '저 일도 아직 다 못했다'는 느낌이 강해져 의지력을 소모시켜 버리기 때문이다. 그러면 일의 우선순위가 혼란스러워진다. 이것도 저것도 해야 한다는 생각으로 이어져 효율적인 절차를 방해하는 것이다.

이런 상태에서 벗어나기 위해서는 지금 쓸 수 있는 시간에 무엇을 할 것인지 미리 명확하게 정해 두는 것이 좋다. 이를 위한 방법으로 다양한 To Do 리스트를 만드는 방법이 소개되고 있다.

여기서 추천하는 것은 '할 일 목록 만들기'의 원조라고도 할 수 있는 아이비 리 6가지 법칙이다.

6단계를 거치면 집중해야 할 것이 통째로 보인다

아이비 리Ivy lee는 20세기 전반에 활약한 경영 컨설턴트로 후에 'PR의 아버지'라고 불리게 된 인물이다. 아이비 리가 당시 미국 최대의 철강회사였던 베들레헴스틸의 사장 찰스 슈왑에게 제시한 것이 바로 아이비 리 6가지 법칙이다.

찰스 슈왑은 회사의 효율성을 더욱 높이기 위해 고민했으나 개선 방안이 떠오르지 않자 저명한 생산성 컨설턴트였던 아이비 리에게 조언을 구했다. 앞으로 천천히 성과가 오르는 것이 아니라 곧바로 실천할 수 있고 눈에 보이는 효과가 나오는 방법을 알려 달라고 한 것이다.

아이비 리는 찰스 슈왑의 요청을 받아들여 "회사의 생산성을 늘리는 한편, 하루 일을 마쳤을 때에도 별로 지치지 않는 간단한 방법을 알려주겠다"며 3개월 후의 결과를 보고 제안이 효과가 있다고 생각되면 그때 타당한 비용을 지불해달라고 했다.

찰스 슈왑이 이 제안을 받아들이자 아이비 리는 그 자리에서 자신이 고안한 효율화를 위한 6가지 법칙을 제시했다. 그 소요시간은 불과 20분밖에 걸리지 않았다. 포인트는 다음과 같은 6가지이다.

1. 내일 해야 할 일 6가지를 기록하라.

2. 6가지를 중요도에 따라 1에서 6까지 우선순위를 매겨라.

3. 다음날, 그 우선순위에 따라 일을 진행하라.

4. 만약 다 하지 못했다면 미련 없이 잊어라.

5. 그리고 다시 내일 해야 할 일 6가지를 기록하라.

6. 1번~5번을 계속 반복하라.

나라면 유튜브 방송 프로그램 기획하기, 최근 갱신하지 못한 블로그에 올릴 글 준비하기, 트위터에 글 올리기, 서적의 기획안 만들기, 결산을 위한 서류정리하기, 읽다가 만 심리학 책 읽기 등의 항목을 나열할 것이다.

항목 그 자체를 고민할 필요는 없다. 생각나는 대로 쓰면 된다.

그리고 나서 6가지를 배열해 놓고 우선순위를 정한다. 그리고 하루 동안 기록한 목록을 차례차례 하나씩 지워가며 일을 한다.

우선순위대로 일을 진행하는 데 있어서 반드시 지켜야 할 포인트가 한 가지 있다. 바로 우선순위 1번이 끝날 때까지는 1번만 해야 한다는 것이다. 2번을 생각해서는 안 된다. 마음 밖으로 쫓아내는 것이다. 그리고 3번까지밖에 못했다면 4번, 5번, 6번 일은 완전히 잊어버린다.

아이비 리는 다 하지 못한 일을 신경 쓰는 사람들에게 이렇게 말한다.

"하루에 한두 가지밖에 하지 못했다고 해도 안타까워할 필요는 없습니다. 당신은 그날 해야 할 가장 중요한 일을 한 것이니까요."

다 하지 못했다고 안타까워하지 말고, 또 내일을 위해 목록을 작성하면 된다.

약 100년 전에 아이비 리가 제안한 것이지만, 이 6가지 법칙은 현대를 사는 우리에게도 도움이 된다.

어렵게 생각할 필요 없다. 우선은 지금 당신이 생각하는 '내일 해야 할 일'을 써 보라.

중요한 일 외에는 하지 마라

아이비 리의 조언을 스스로 실천한 찰스 슈왑 사장은 그 효과를 실감하며 간부들에게 아이비 리 6가지 법칙을 알려 주었고, 간부들은 부하에게 알려 주었다. 이렇게 해서 사내 전체가 효율화에 몰두하자 베들레헴사의 실적은 급상승했다.

3개월 후 찰스 슈왑 사장은 아이비 리에게 2만 5000달러의 컨설팅료를 지불했다. 현재 금액으로 따지면 약 5억 원에 상당하는 금액으로, 고급차 10대를 살 수 있는 컨설팅료였다.

앞서 소개한 일찍 일어나는 생활습관을 이미 실천했다면, 해야 할 일 6가지 항목을 작성하는 일과 우선순위를 부여하는 일은 아침 10분 만에 끝낸다. 이것으로 즉시 착수해야 할 작업이 결정되고, 당신은 자신이 지닌 집중력을 무엇에 쏟아야 할지를 이해한 상태에서 일과 공부를 시작할 수 있다.

선택과 집중에 따라 정말 중요한 것만 전력을 다한다. 그 이외의 것은 하지 않는다, 혹은 누군가가 하게 한다. 그렇게 하면 망설임이 없어져 행동으로 이어진다. 아이비 리 법칙을 비롯해 모든 To Do 리스트화가 가져온 장점은 이 한 가지로 집약된다.

집중력의 착화제가 되는 0순위를 추가하라

아이비 리 6가지 법칙에 플러스알파가 되는 것이 있다. 한 주가 시작되는 시점에 0순위를 올려놓는 기술이다. 이 0순위는 집중력을 높이기 위한 착화제다.

캠핑을 가서 장작불을 피울 때 갑자기 큰 장작에 불을 붙이기는 어렵다. 이때는 순서가 필요하다. 신문지 등 불씨가 될 만한 것을 준비하여 작은 가지에 불을 옮겨 붙이고는 서서히 불꽃을 키워가야 한다. 장작불을 붙이는 순서는 집중력에도 적용할 수 있다.

휴일을 보내고 월요일에 해야 할 가장 중요한 사항은 당신이 정말 매달려야 할 문제일 것이다. 하지만 매우 중요한 일인 만큼 난이도가 높을 수가 있다. 난이도가 있는 일은 큰 장작과 마찬가지로 단번에 불을 붙이기는 어렵다. 따라서 모닥불에 대한 불씨가 될 수 있는 서브 목표를 준비해 두어야 한다.

이것이 '0순위' 항목이다. 다루기 쉬운 일부터 시작하여 손을 움직이면 의욕과 집중력 스위치가 들어오기 쉽다.

나의 경우로 말하자면, 지금 가장 관심 있는 분야의 책을 몇 장 읽어나가는 것이다. 이것이 딱 좋은 0순위가 된다.

당신도 집중력에 불을 붙이는 착화제를 준비하여 일주일을 시작해 보라.

중요한 0순위 이외에는 손을 대지 않는다.
한정된 의지력을 한 가지에 집중적으로 쏟아 부어라.

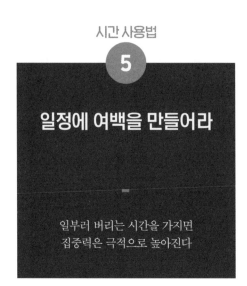

일정에 여백을 만들어라

일부러 버리는 시간을 가지면
집중력은 극적으로 높아진다

▼

마지막 시간 사용법은 일정에 여백을 만드는 방법이다. 이 방법을 익히면 생각대로 예정을 소화하지 못한 날의 좌절감이 사라진다.

예를 들어 오늘은 20가지를 처리하겠다고 일정에 넣었으나, 시간이 없어 그중 7가지밖에 못했다면 다 하지 못했다는 생각에 기분이 가라앉을 수 있다. 아이비 리 6가지 법칙에서 소개했듯이 '20가지를 처리하겠다'고 일정을 짠 것은 지나친 욕심이다. 그래도 실행하지 못하게 되면 성실한 사람일수록 기분이 좋지 않기 마련이다.

다이어트 중인 사람이 무심코 케이크를 한입 먹다가 어차피 망쳤다며 나머지도 먹어 치우는 경우가 있다. 두 번째는 입에 대지 않는 것이 가장 좋은 대응일 터이지만, 다이어트 중 계획한 절제의 반동으로 한꺼번에 무너질 수가 있다.

이러한 감정의 혼란을 막기 위해서도 아무것도 하지 않는 시간을 일정에 넣어 두면 크게 도움이 된다.

예를 들면 앞서 말한 것처럼, 나는 아침을 '인풋하는 시간'으로 정해두고 있다. 그런데 가끔 도저히 거절할 수 없는 강연이나 방송 출연 때문에 인풋해야 할 시간이 아웃풋 시간이 되어 버리는 일이 있다.

나는 가능하면 계획대로 일을 진행시키는 유형이다. 그러므로 계획대로 일을 진행하지 못했을 경우에는 원래 '인풋하는 시간이었는데…'라는 식으로 개운치 않은 기분이 남는다. 그럴 때는 시간을 얼버무리는 느낌으로 스케줄을 다시 잡는다. 오늘은 아웃풋 시간이 늘어났으니까 그만큼 비워 두었던 공백 시간에 인풋을 늘리면 된다. 단지 이뿐이지만, 달라진 일정에 대한 마음을 단번에 바꿀 수 있다. 다이어트 중인데 케이크를 먹어치웠다면 그만큼 저녁식사 칼로리를 줄이고 여백의 시간에 운동하는 시간으로 배분하면 된다.

시간을 효율적으로 사용하려고 마음을 다잡는 것이 아니라 완충재로서의 시간을 미리 준비하면 여유가 생긴다. 그리고 이 여유가 결과적으로 집중하는 시간으로 이어지게 된다.

1주일에 이틀은 일을 매듭짓는 데 써라

특히 하루 단위로 구체적 수치를 들어 목표를 세우는 사람일수록 1주일에 이틀은 일을 매듭짓는 데 쓰는 것이 좋다. 효율을 중시해서 세운 계획은 자칫하면 실패할 수 있기 때문이다. 단 하루인데 '오늘은 생각대로 진행되지 않았다'는 생각 때문에 좌절감이 생기고, 그다음 날 이후에도 의욕이 생기지 않을 수 있다.

그렇기 때문에 예정이나 목표를 하루 단위로 세우지 않는 것이 좋다. 대신 7일(1주일)의 목표를 설정한다. 이렇게 하면 '오늘은 해내지 못했다'는 좌절감이 사라진다.

내가 계획을 짤 때에는 여백의 시간을 넣는다. 웹 관련 업무를 예로 들자면, 나는 트위터와 블로그에 글을 올린다. 트위터에는 하루에 세 번 글을 쓰고, 블로그에는 매일 한 가지를 포스팅하기로 마음먹고 있으므로 이를 위한 글을 준비해야 한다.

그런데 1일 단위로 목표를 세워 두면 목표를 달성하지 못한 날은 기분이 찜찜하다. 이럴 때 나는 목표를 일주일 단위로 바꾼다. 일주일 동안 21번의 트윗과 7가지 포스팅을 하면 된다고 생각하고, 달성 여부를 휴일 전날 밤 확인한다. 나는 토요일과 일요일 모두 일을 하고, 화요일 수요일에 쉬는 경우가 많기 때문에 월요일 저녁에 확인한다. 만약 거기서 목표를 충족하지 못하면 남아 있는 만큼 휴일 날에 한다.

직장인이라면 금요일 밤에 확인해서 다 하지 못한 것이 있으면 주말에 하면 될 것이다. 만약 목표를 채웠다면 주말을 마음 편히 보낼 수 있다.

중요한 건 여유 있는 시간이 있어야 목표를 달성했건 달성하지 못했건 뇌에 미완료감이 남지 않아 상쾌한 마음으로 휴일을 맞이할 수 있다는 점이다.

일주일 단위로 시간을 관리하면 '오늘도 못했다'는 좌절감도 줄어든다. 여백의 시간을 만든다는 것은 언뜻 보기에 비효율적이고 집중력을 높인다는 의미에서는 모순처럼 느껴질 수 있다. 하지만 요령이 생겨 망설임이 줄어드는 만큼 작업에 착수했을 때의 집중도는 높아진다. 좌절하고 모든 것을 내던져 버리는 시간이 없어지기 때문에 망설이지 않고 행동할 수 있게 된다.

이 두 가지가 몸에 붙기만 해도 집중해서 임하는 시간이 늘어난다. 계획대로 되지 않을 경우에 후회하거나 자책하면 결국 사람은 행동을 하지 않는다. 다소 계획이 어긋나더라도 흡수할 수 있도록 시간을 만드는 것이다.

계획적으로 빈둥거리면 집중력이 오른다

앞서 말한 '1주일 중 이틀을 여백의 시간'으로 만드는 것과는 달리 하루 중에서 '일부러 버리는 시간대'를 가지는 방법도 있다.

이것도 내가 매일 하는 방법으로 '농땡이를 치는 시간'이라고 이름을 붙였다. 일에 쫓기는 아무리 바쁜 하루라도 반드시 빈둥거리는 시간을 만드는 습관이다. 일부러 '도덕적 허가moral licensing(도덕적 면허라고도 한다)' 상태를 만들면 결과적으로 그 후 집중력이 높아지기 때문이다.

도덕적 허가란 '과거에 뭔가 열심히 하거나 좋은 일을 했을 때, 그것만으로 기분이 좋아져서 본래 열심히 하려고 했던 것을 잊어버리고, 그 정반대의 일을 해도 괜찮다고 여기는 심리적 기제' 이다.

'이기고 나서 투구의 끈을 조여라'는 말이 있지만, 어떤 사람도 좋은 결과를 낸 뒤에는 방심하기 쉽다. 긴장과 이완의 리듬은 인간의 본능이라고 할 수 있는 것이므로 방심을 완전히 털어내기란 불가능하다

예를 들어 시험을 목전에 둔 학생에게 "오늘 공부 많이 했나보네?" 혹은 "목표 달성을 위해 정말 열심히 하고 있네" 하고 말을 걸면 학생은 자신이 공부한 분량을 생각하면서 자신감을 갖는 경향이 있다. 그 결과 도덕적 허가 심리가 발동하여 학생은 다음날부터 빈둥거릴 확률이 높아진다.

이것은 공부뿐만 아니라 일에서도 마찬가지다. 목표를 향한 과정에서 노력이나 도달도가 가시화되고 평가되면 그것이 방심으

로 이어진다. 부장님한테 칭찬을 받았으니 오늘 밤엔 술 좀 마시자며 과음을 해 다음날을 숙취로 망쳐버린다. 그 결과 진척 상황이 지연되어 스케줄 전체를 재검토하게 되어 버리는 등 어중간한 만족감이 집중력을 떨어뜨려 목표 달성에 방해가 될 수 있다. 열심히 했으니까 좀 빈둥거려도 될 것 같은 생각이 드는 것이다. 사람인 이상 도덕적 허가를 받은 것처럼 느끼는 것을 막을 수는 없다.

그래서 일부러 빈둥거리는 시간을 만든다. 하루 중 한두 시간을 버리는 것이다. 그 시간에는 개그 프로를 보기도 하고, 영화를 보기도 하고, 빈둥빈둥 놀기도 한다.

중요한 것은 자신이 컨트롤할 수 있는 범위 내에서 빈둥거리는 시간을 정해야 한다는 점이다.

그렇게 하면 '오늘은 정말 열심히 노력했다', '사람들한테 인정을 받았다', '만족스런 날이었다'라고 하는 날이 있다 할지라도 그 반동으로 꼬박 하루를 빈둥거리는 일 따위는 없다. '오늘도 확실히 게으름을 피웠다'라고 하는 실감을 얻을 수 있어 '또 내일도 힘내자'라며 마음을 다잡을 수 있다. 즉 일부러 게으름 피우는 시간을 만들어 쉬는 습관을 가지는 것으로, 결과적으로 다음날 이후의 집중력을 높일 수 있는 것이다.

솔직히 누구나 자각하지 못하는 사이에 반드시 게으름 피우는 시간을 만들기 마련이다. 그 시간을 그대로 두는 것이 아니라 '일부러 하고 있다'라고 자각함으로써 유효하게 이용한다. 자각하지 못하고 질질 끄는 것보다 자각하고 질질 끄는 것이 훨씬 빨리 끝난다. 꼭 시도해 보라.

**1주일의 여백 시간, 하루의 빈둥거리는 시간,
버린 시간이 집중력을 높여준다.**

자신을 컨트롤하는
초집중력

© 멘탈리스트 다이고, 2017

초판 1쇄 발행 2020년 10월 5일

지은이 멘탈리스트 다이고
옮긴이 김선숙
펴낸이 이경희

발행 글로세움
출판등록 제318-2003-00064호(2003.7.2)

주소 서울시 구로구 경인로 445(고척동)
전화 02-323-3694
팩스 070-8620-0740
메일 editor@gloseum.com
홈페이지 www.gloseum.com

ISBN 979-11-86578-85-8 13370